KB070863

아들아,
너는 이런 책을 읽어라

교육학자 아버지가 아들에게 들려주는 동서양 고전 이야기

아들아, 너는 이런 책을 읽어라

1판 1쇄 발행 2014년 7월 25일
1판 2쇄 발행 2015년 5월 15일

지은이 이해명
펴낸이 고영수

경영기획 고병욱 **기획·편집** 노종한, 허태영, 박나래
외서기획 우정민 **마케팅** 이일권, 김재욱, 이미미 **제작** 김기창
총무 문준기, 노재경, 송민진 **관리** 주동은, 조재언, 신현민

펴낸곳 추수밭
등록 제2005-000325호
주소 135-816 서울시 강남구 도산대로38길 11(논현동 63) 청림출판 추수밭
　　　 413-120 경기도 파주시 회동길 173(문발동 518-6) 청림아트스페이스
전화 02)546-4341
팩스 02)546-8053

www.chungrim.com
cr2@chungrim.com

ⓒ 이해명, 2014

ISBN 979-11-5540-019-7 (03100)

값 13,000원

교육학자 아버지가 아들에게 들려주는 동서양 고전 이야기

아들아, 너는 이런 책을 읽어라

이해명 지음

추수밭

2 새가 날기 위해서는 껍질을 깨야 한다

성장통을 겪는 너에게

3 지혜란 내가 모른다는 것을 아는 것이다
보다 많은 것을 배우려는 너에게

4 어디로 가야 할지 역사가 답해줄 것이다
내일을 준비하며 경쟁으로 지친 너에게

5 세상은 넓고 배움은 끝이 없다
좁은 학교의 울타리를 넘어 멀리 나아가려는 너에게

·

아들에게 고전을
소개해야 할 시간

·

고전 독서가 교육의 전부다

부모님들께 가장 큰 고민이 뭔지를 묻는다면 아마도 자녀 교육 문제를 들 겁니다. 아이를 위해 가족과의 생이별도 감수하면서 기러기 아빠로 사는 것도 그리 드문 현상이 아니지요. 하지만 자녀 교육에 관심이 많은 데 비해 정작 부모님들이 직접 나서서 자녀에게 무언가를 가르치기는 쉽지 않을 겁니다. 여유도 없고 무엇을 어떻게 가르쳐야 할지도 막막하지요.

선명한 원칙 없이 나아가는 것만큼 사람을 힘들게 만드는 일도 없을 겁니다. 막연하게 내 아이의 미래를 위해 보다 나은 교육 방식을 찾다 보니 여기 학습법, 저기 학원에 휘둘리는 거죠. 이때 가장 큰 피해를 보는 건 다름 아닌 아이들입니다.

저 또한 두 아이를 키우면서 자녀 교육에 대해 고민을 많이 했습니다. 제가 교육학자이다 보니 더욱 아이들을 잘 키워야겠다는 책임감도 느꼈지요. 그래서 '공부란 스스로 하는 것'이라는 신념을 가지고 맏이의 교육은 학교에 일임했습니다. 아이들에게 책을 많이 읽히려면 도서관 문을 잠그라고들 하잖아요. 억지로 강요하는 것보다 하지 말라고 막는 게 오히려 아이들이 자발적으로 나서는 데 도움이 된다는 거지요.

아이는 기대대로 반듯하게 자라줬지만 문득 학교에 아이 교육을 맡긴 데 대한 후회가 들었습니다. 학교가 부모의 모든 요구를 충족시켜 줄 정도로 완벽하게 가르쳐 줄 수는 없잖아요. 그래서 여덟 살 터울의 둘째를 기를 때는 부모로서 무엇을 어떻게 가르쳐야 할지 고민을 많이 했습니다.

다행히 힌트는 가까이에 있었습니다. 제가 교육자로서 학생들을 어떻게 가르치는지를 되짚어 봤습니다. 좋은 책을 읽고 오래 생각한 다음 동료들과 토론하고 이를 글로 정리하는 것, 교육이란 독서가 기본이자 전부입니다. 그리고 책 중의 책은 바로 인류의 스승인 고전이지요.

내 아이가 증명하는 고전 읽기의 힘

고전은 그저 오래된 책이 아닙니다. 수많은 사람들이 예로부터 끊임없이 읽음으로써 검증된 책이지요. 그래서 고전은 쓰인 시대에서 끝나는 게 아니라 읽히는 시대마다 새롭게 태어나는 책입니다. 제가 방문한 외국의 영재 학교나 유명 대학들이 시행하는 교육 프로그램도 여기에서 크게 벗어나지 않더군요. 고전을 읽히고 책에 대해 함께 이야기를 나누는 것이 교육의 핵심이었습니다.

그래서 저 또한 둘째 아이의 성장 단계에 맞춰 수준에 맞는 고전을 골라 읽혔습니다. 여기서 '수준에 맞는 책'이란 아이의 읽기 능력에 맞추라는 뜻만은 아닙니다. 아이가 호기심과 관심을 가지고 봐야 하는 책이기도 해야 하지요. 또한 많은 교육 관련 단체들에서 추천하는 책들을 무작정 따르기보다는 소통 능력과 상상하는 힘, 사춘기의 고민과 입시 스트레스 등을 고려하며 분야별, 난이도별, 상황별로 다양한 고전들을 차근차근 읽혔습니다. 그리고 책을 읽고 난 다음에는 정답을 제시하지 않고 아이 스스로 책에 대해 깊이 고민하도록 유도함으로써 생각하는 힘을 기르도록 했습니다.

그래서인지 제 아들은 고등학교를 다닐 때 변변한 과외 한 번받지 않고도 수능 전국 모의고사에서 늘 최고 점수를 받았습니다. 외국 유학을 준비할 때는 이 주 정도 문제집을 풀면서 문제 유형을 살펴더니 미국 SAT도 만점을 받더군요. 저는 제 아이가 특별하게 총명하거나 인내심이 남다르다고 생각하지 않습니다.

무엇보다 고전을 읽음으로써 가장 큰 효과를 본 부분은 인성이었습니다. 요즘 아이들이 다 그렇듯이 제 아들 또한 고집이 세고 이기심도 강했습니다. 그래서 사회생활을 원만하게 잘 해나갈지, 덜 자란 어른이 되지는 않을지 걱정이 많았지요. 하지만 고전을 읽힘으로써 아이의 몸가짐과 마음씀씀이가 변화하는 것을 실감했습니다.

아이들의 '생각하는 근육'을 길러주는 고전을 이 한 권에

이 책에는 이렇게 제가 교육학자로서 연구했던 결과를 바탕으로 제 아이에게 적용했던 고전 독서 교육 경험을 고스란히 담았습니다. 제 아들이 여러 고전들을 읽었던 순서대로 책을 소개했으므로 그 흐름을 따라가다 보면 어느새 청소년들이 한 번쯤 읽어야 할 고전들을 단숨에 소개받을 수 있을 겁니다.

또한 이 책에 나오는 아들은 실제 제 아이를 바탕으로 삼아 주변에서 만났던 다양한 아이들을 모자이크처럼 합쳐 재구성한 모두의 '아들'입니다. 그런 '아들'에게 고전을 들려주는 형식으로 진행했기 때문에 딱히 책을 좋아하지 않았던 청소년들도 무리 없이 읽으면서 고전을 소개받을 수 있을 것입니다.

고전을 가까이 하면서 아들의 생각이 점점 자라는 것을 지켜본 경험은 어디서도 누릴 수 없었던 행복이었습니다. 저의 이 작은 기록이 수많은 아들에게 고전의 길을 밝혀주는 길잡이가 되기를 바랍니다.

아들아,
인생은 짧지만 고전은 길단다

•

나를 변화시키는 책들

아마 아빠가 초등학교 5, 6학년 무렵이었을 거야. 그때 이원수와 박
목월의 시를 처음 읽었거든. 가만히 시를 읊었을 때 입 안을 굴러
다니던 시의 감촉, 공기의 냄새, 바스락거리던 책장 소리가 지금도
기억에 선하다. 그들의 시를 접하고 난 다음부터는 길가의 풀 한 포
기, 돌 하나도 다르게 보이더구나. 오래전 너에게 이원수의 〈달밤〉
을 자주 들려줬던 것도 그런 추억 때문이란다. 그래서인지 너는 지
금도 달을 좋아하지.

　중학생이 되어서는 헤르만 헤세Hermann Hesse의 시가 좋아서 읽

고 또 읽었어. 시집을 품고 다녔던 덕분에 백일장에 나가 장원도 했었지. 고등학생 때는 연예인을 좋아하듯이 앙드레 지드Andre Gide 의 《좁은 문》을 읽으며 주인공 아리사를 그리워했었어. 그리고 대학생이 되어 그제야 세상이 나의 바람과 다름을 알았을 때는 '삶이 그대를 속일지라도, 슬퍼하거나 노여워하지 말라'는 푸시킨Пушкин 의 시로 마음을 달랬지. 뒤돌아보면 나는 문학을 통해 간접적으로 나마 다양한 삶을 경험하고, 위로받고 또 나와는 다른 모습들을 이해하면서 조금씩 성장할 수 있었단다.

너는 나와 달라서 어렸을 때 시나 소설보다는 과학 잡지를 즐겨 읽었지. 내가 너만 했을 때는 뒷동산에서 나무를 타며 놀았는데, 너는 방에서 뭔가를 만들고 조립하는 데만 열중하더구나. 그런 네가 중학생이 되어서는 컴퓨터 게임에 몰두하는 것 같아 저러다 모니터 안으로 빨려 들어가지는 않을지 걱정하곤 했단다. 좋은 게임에는 감동이 있다고 하지만, 네가 접하는 게임이 그런 것 같지는 않았거든. 그래서 박경리의 《토지》를 읽히려고 참 애를 썼지만 아직까지는 성공하지 못한 것 같구나.

네가 문학과 가까웠으면 했지만, 아직 늦은 건 아니라고 생각한단다. 책을 읽기 적당한 나이는 책을 집는 바로 그 순간이기 때문이야. 다만 문학이 삶을 풍요롭게 한다는 뻔하게 들리는 말이 언젠가 네 가슴을 두드리기를 바랄 뿐이야. 바로 내가 그랬듯이 말이다.

나는 왜 고전을 읽을까?

살아 갈수록 사는 게 쉽지 않더구나. 아는 것이 많아질수록 모르는 것은 더 많아지고, 걸어 온 삶의 길이 길어질수록 내가 서 있는 곳이 어디쯤인지 몰라 막막하다는 생각을 자주 하게 되거든. 누구든 좋고, 어디라도 좋으니, 길을 아는 사람이 있다면 찾아가서 묻고 싶은 마음이 지금도 간절하다. 사람들이 산속 깊숙이 숨어 있는 사찰을 찾아가 큰 스님을 뵙는 이유를 이제는 알 것 같구나. 성철 스님께서는 삼천 배를 해야 만나 주었다고 해. 지금 그 분을 뵙고 질문할 수만 있다면 삼만 배라도 마다하지 않으련만.

그런데 삶의 고비마다 영혼의 길잡이 역할을 해 주는 좋은 스승은 깊은 산속까지 찾아가지 않더라도 의외로 쉽게 만날 수 있단다. 바로 인류의 스승들이 자신의 전 인격과 경험을 담아 쓴 책과 만나는 거야. 그렇기 때문에 모든 고전은 인류의 큰 스승이라고 하는 거란다.

내가 대학을 다녔던 1960년대는 우리 사회가 불안과 희망이 뒤섞이는 매우 혼란스러웠던 때였어. 이때 나에게 위안이 되었던 게 《논어》였단다. 《논어》를 읽으면 마음이 편안해졌거든. '남이 나를 알아주기를 바라기 전에 자신의 부족한 점을 먼저 생각하라'는 공자孔子의 글은 정신을 번쩍 들게 하는 큰 교훈이 되었구나. 그로부터 20여 년이 지나 교수로 근무하다가 문득 누군가를 가르치는 것에 싫증이 났을 때 다시 《논어》를 들춰보았지. 그때 "스스로 연구를 열심히 하면 가르치는 일이 지루하지 않을 것이다"라는 공자의 가르침에 깨달음을 얻어 스스로를 뒤돌아 볼 수 있었어. 20대 청춘 시절부터 지금까지 《논어》는 내 인생의 큰 스승이었던 거야.

고전을 통해 우리는 시간과 공간을 넘는 위대한 스승들과 만난다. 위인들 또한 고전 속에서 길을 찾았다고 해. 알렉산드로스 대왕 Αλέξανδρος은 전쟁 중에도 《일리아드》와 《오디세이》를 읽었고, 처칠 Winston Churchill은 《로마제국 쇠망사》를 삶의 지표로 삼았다고 하지.

우리 가까이의 인물들 가운데에서는 스티브 잡스Steven Paul Jobs 가 "소크라테스와 점심 한 끼를 함께할 수 있다면 나의 회사를 내놓아도 좋다"고 했어. 빌 게이츠William Gates도 "인문 고전이 없었다면 마이크로소프트는 없었다"고 말한 적이 있지. 수천 년 전의 고전이 오늘을 살아가는 사람들의 길잡이가 되고 있는 거야.

나에게 맞는 스승과 만나기

그렇다면 고전을 어떻게 읽어야 먼저 길을 걸어간 스승과 만날 수 있다는 걸까?

우선 자신의 수준에 맞는 책을 선택해야 한다는 것을 강조하고 싶구나. 책을 읽을 때 초점을 맞춰야 하는 부분은 남보다 어떤 정보를 앞서 습득하는 게 아니라 책을 온전히 읽어낼 수 있는가에 있어야 해. 그리고 책을 제대로 읽었다면 내 안에서 어떤 변화가 있어야 한단다.

소설가 박완서는 책을 읽다가 창밖을 보니 "나무가 그 전과는 완전히 다르게 보였다"고 했단다. 책이라는 것은 눈으로 읽고 머리에 넣는 게 아니라 몸으로 전해 받아 삶에 새기는 것이 아닐까. 아무리 좋은 내용을 담고 있는 책이라고 해도 그것을 자신의 것으로 소화할 수 없다면, 깊이 이해하고 가슴에 담지 못한 채 시험지에 적을 한 줄만을 머리에 기억하고 만다면 무슨 소용이 있을까. 책장을 덮고 바라 본 세상이 책을 읽기 전과 달라 보이지 않는다면, 아무리 많이 읽어도 그 책이 나의 것은 아닐 거야.

여러 번 반복해 읽기

또한 고전을 읽을 때는 여러 번 반복해서 읽어야 한단다. 공자는 《주역》을 삼천 번이나 읽었다는구나. 《주역》은 읽기가 매우 까다로워 아빠도 《주역》을 공부하면서 그 내용을 온전히 이해하기가 어려웠단다. 다만 묵묵히 읽는 것을 반복했을 뿐이었어. 그러다가 강의 마지막에 《주역》을 요약한 공자의 〈계사편〉을 읽게 되었지. 그때의 충격을 잊을 수가 없단다. 그 난해하던 《주역》이 한순간에 가닥이 잡혔거든. 그제야 공자가 《주역》을 삼천 번 읽었다는 말이 실감이 났단다.

또한 고전을 읽고 나선 그 책에 대해 깊이 생각해야 한단다. 공자는 "책을 읽으면서 생각하지 않는 사람은 어리석은 사람이고, 책을 읽지 않고 생각만 하는 사람은 교만한 사람이다"라고 했어. 책을 읽고 저자의 말을 기억하는 것으로 끝나면 공자가 말하는 대로 어리석은 사람이야. 세계적인 컨설팅 회사인 맥켄지McKinsey에서는 글을 읽은 다음에 생각하는 시간이 읽는 시간의 세 배에 달한다고 하더구나. 읽고는 생각하고, 생각하고는 또 읽는다는 것이지. 고전을 쉽게 읽어선 안 된다는 거야.

책을 읽고 토론하기

고전을 다 읽었다면 반드시 토론을 해야 한단다. 토론의 기술은 이제 모든 분야에서 가장 중요한 능력이 되었거든. 대학 입학시험은 물론이고 회사에서도 면접이 중요한 합격 요건이 되었으니 말이다. 미국으로 유학 간 학생들도 토론 훈련을 한국에서 제대로 받지 못해 학업을 쫓아가는 데 어려움을 겪고 있다고 하더구나. 하버드 대학교에서도 토론에 대해 새로운 해결책을 찾는 창의적인 과정으로 매우 중요하게 생각한다고 해.

흔히 창의성은 하늘에서 받은 선천적인 재능이라고 생각하지만, 절대로 그렇지 않단다. 마이클 샌델Michael Sandel 교수는 "창의성이 기술 훈련이어서는 안 된다. 생각하는 습관을 길러주어야 한다"라고 말했지. 고전을 읽고, 생각하고, 논술로 자신의 생각을 정리하는 습관이 곧 창의성을 기르는 것이란다. 네게 고전을 읽고, 토론하고, 마지막으로 논술로 정리하는 세 단계를 거치도록 했던 것도 이 때문이었단다.

너에게 고전을 권하며

네게 고전 읽기를 권유하면서 어떤 책을 소개할지 고민했단다. 너 또한 여기저기에서 청소년들에게 추천하는 많은 고전들 가운데 어떤 책을 보아야 하는 것인지, 어떤 책부터 읽어야 할지, 또 어떻게 읽어야 할지 궁금한 점이 많을 거야.

그래서 지금부터는 내가 읽었던 책들 가운데 네게 권하고 싶은 책들을 소개하려고 한단다. 백범 김구는 앞서간 사람의 발자국이 뒷사람에게 길이 된다는 말씀을 하셨어. 부디 지금부터 내가 남기는 발자국들이 네게 넓은 세상을 보여주는 스승들과 만나는 데 좋은 참고가 되기를 바란다.

2014년 여름
나의 아들에게

1장

종의 기원
사랑의 기술 장자
무릇 9가전 매혹민가 등에 대서서
사브자, 플랜카피의 이용적어, 송자병법

논어
맹자
낙숙 9가기, 지비록
삼국사기

허울베리 피의 모험과 108인의 사랑이야기
젊은 베르테르의 슬픔
인카피에팅의 기우본 사회계약론
우리를 뭉클하게 만드는 고운 시들
니코마코스 윤리학
그루론, 한비자, 정과정역
데미안
그리로마 시화와 서우가, 그리고 최악아회

로마제국 쇠망사
실연연에서 안마진카지 우리 고전 소설 악기

정신분석 입문

어릴 때 읽은 책이
평생을 간다

고전을 처음 접하는 너에게

고전은
나의 힘

::

우리 옛 속담 가운데 '세 살 버릇 여든까지 간다'는 말이 있지. 사람의 평생을 결정짓는 가장 중요한 시기가 바로 지금 네가 거치고 있는 소년기란다. 너 또한 지금까지 겪었던 일들, 접했던 일들 하나하나가 알게 모르게 지금의 너를 만드는 데 큰 영향을 줬을 거야. 마찬가지로 먼 훗날 네가 어떤 어른이 될지는 지금 네가 어떤 경험을 하고 어떤 선택을 하는지에 달려 있겠지.

게다가 지금 네가 보내고 있는 소년기에 평생 지능의 93%, 학습 능력의 80% 정도가 발달한다고 하더구나. 또 성격이 만들어지는 중요한 시기이기도 하고 말이야. 그렇기 때문에 너에게 책을 권하는 것이란다. 지금 너와 네 친구들에게 필요한 네 가지 능력을 기르는 데 독서만한 게 없기 때문이야.

글의 뜻을 살피는 힘

우선 책을 제대로 읽을 줄 알아야 한단다. 이걸 가리켜 독해력이
라고 해. 똑똑해지는 것은 독서와 관계가 깊거든. 그래서 예전에는
할머니들께서 아이들에게 옛날이야기를 들려주며 우리의 말과 글
을 함께 전했단다. 옛날에는 지금처럼 학교가 곳곳에 있지도 않았
고 책도 귀했기 때문이야. 이렇게 옛날부터 입에서 입으로 전해진
이야기를 구비문학이라고 해. 그런 구비문학을 책으로 만든 게 바
로 우리 고전 이야기란다. 그래서 고전 이야기는 책 읽는 힘도 길
러주는 가장 좋은 책이야. 손자손녀를 생각하는 할머니들의 입과
입을 거치면서 오랜 시간에 걸쳐 읽기 편한 형태로 다듬어졌기 때
문이지.

가슴을 움직이는 힘

또한 감성을 기르는 것도 중요하단다. 뇌 과학자들이 그러는데 뇌

에서 감성을 담당하는 부위가 먼저 발달한 다음에 지능을 담당하는 부위가 발달한다고 하더구나. 그렇다면 감성을 북돋아주는 교육이 지식을 가르치는 교육보다 먼저여야겠지?

감성 교육은 동시와 동화 읽기로부터 시작돼. 이제 다 자랐다고 생각하는 너는 속으로 시시하다고 여길지도 모르겠지만, 어렸을 때 너는 동시와 동화를 읽으면서 그 속의 주인공들과 함께 울고 웃었단다. 이때 읽은 동시나 동화는 네 가슴 속 깊숙이 자리 잡아 네가 흔들릴 때마다 붙잡아 줄 것이라고 믿어.

머리에 새기는 힘

많은 것을 접하고 머리에 새기는 것도 필요하단다. 뇌 과학자들이 말하기를 딱 네 또래인 초등학교 4~6학년 때의 기억력이 일생에서 가장 왕성하다고 하더구나. 이때 우리의 뇌는 무엇이든지 빨아들이는 스펀지와 같거든. 중학교 3학년이 되면 기억력이 감퇴하기 시작하고 고등학생이 되면 급격히 저하된다고 하지. 먼 나라의 일 같다고 생각하겠구나. 믿지 못할지도 모르겠지만 지금 너는 무엇이든지, 그리고 얼마든지 기억한단다. 영어 문장을 외우게 했더니 금세 외웠고, 《명심보감》을 한문으로 가르쳤더니 그것도 쉽게 외우더구나.

그래서 초등학생 때 책을 많이 읽은 학생은 뇌에 정보가 많이 저장되어 있기 때문에 새로운 정보를 쉽게 받아들인다고 해. 줄넘기를 열심히 한 친구가 오래달리기도 잘하는 것처럼 말이야. 결국 책을 많이 읽은 학생이 공부도 잘 할 수 있게 된다는 거지.

스스로의 힘으로 도전하는 힘

무엇보다 뭐든지 스스로의 힘으로 해 보는 경험이 필요할 거야. 네 정도 나이가 되면 부모나 선생님의 지시를 따르기보다 스스로의 힘으로 새로운 것에 도전해 보고 싶기 마련이잖아. 이러한 모험심은 성장 과정에서 아주 자연적인 현상이란다. 너한테는 조금 어려운 말일 수도 있는데, 자아성취 욕구가 강한 시기이기 때문이지. 그런 네게 딱 어울리는 책으로 바로 모험 소설이 있어. 고전 중에 대표적인 모험소설을 꼽으라면 마크 트웨인의 《톰 소여의 모험》이나 쥘 베른의 《80일간의 세계일주》 등이 있단다. 아마 너도 애니메이션으로 본 적이 있을 거야.

모험심은 가상의 세계를 상상하는 것으로 발전해. 그리고 이러한 상상력이 훗날 뭔가를 만들어 내는 힘이 되는 거야. 아인슈타인Albert Einstein은 어릴 때 '빛을 타고 우주를 날아다니는' 상상을 했다고 하지. 이러한 상상력 또한 중학생이 되면서 차츰 엷어진다더구나.

아이들은 상상을 먹고 자란다

아빠는 네가 지금 무슨 상상을 하는지, 무엇을 꿈꾸고 있는지 궁금하구나. 지금 네가 상상하는 것들이 앞으로 너를 이끌어 줄 거야. 네가 즐겨 보는 만화에 나오는 다양한 모습의 손오공, 헤라클레스와 같은 등장인물들도 모두 만화가들이 어렸을 때 《서유기》, 《그리스 로마 신화》 등을 읽으면서 자유롭게 상상했던 경험에서 탄생한 것이거든.

이제부터는 상상에 대한 고전들을 소개하려고 한단다. 더러는 네가 읽었고 더러는 놓친 책들도 있을 거야. 만약 네가 읽지 못했거나, 또는 읽었어도 기억이 나지 않는다면 소개받을 책들을 한 번 집어보렴. 그리고 좋은 책은 우리 어른들에게도 소개해 줬으면 좋겠구나. 너희들이 읽고 감명을 받는 책이라면 어른들에게도 좋은 책일 테니까 말이야.

아버지를 위해 몸을 던진
심청이가 효녀일까?

《심청전》에서 《양반전》까지, 우리의 고전 소설들

네가 초등학교에 입학하고 나서 우리 고전 소설들을 함께 읽었던 적이 있었지? 그때 네게 사람들이 재미있게 들을 수 있도록 줄거리를 이야기해보라고 권했는데 기억할지 모르겠구나.

입시나 취업 때문만이 아니라 무언가를 제대로 이해하고 발표하는 능력이 아주 중요해졌어. 그러나 너와 네 친구들은 스마트폰을 주로 이용하기 때문에 사람들 앞에서 자신의 생각을 표현할 기회가 거의 없는 것 같아. 책을 읽고 내 것으로 받아들인 다음 발표할 기회는 스스로 만들 수밖에 없지.

그때 줄거리를 이야기한 다음에 소설의 주제에 대해서 우리 가족이 함께 이야기했던 것도 마찬가지야. 고전 소설에는 그 이야기가 만들어진 당시의 윤리와 철학이 모두 담겨 있단다. 그래서 고전소설 대부분은 그 시대를 나타내는 교훈적인 이야기로 꾸며져 있어. 《심청전》은 효심이, 《춘향전》은 여인의 정절이 주제이며, 《흥보전》은 권선징악에 대한 이야기야. 당시 사회생활을 하기 위해 꼭 필요한 상식들을 이야기에 담은 거지. 나도 어른들께 우리 옛이야기를 들으면서 효도와 예절 등을 자연스럽게 배웠단다.

아버지를 위해 자신을 버린 소녀

그럼 우리 고전 가운데 효에 대해 말해주는 《심청전》부터 이야기를 시작해 볼까. '심청전'에는 판소리 〈심청가〉와 소설 《심청전》이 있어. 《심청전》이야 워낙 유명한 이야기이다 보니 시큰둥할지도 모르겠구나. 그런데 심청전에 나오는 〈상두가〉, 〈방아타령〉과 같은 노래나 심 봉사가 부르는 사설은 아마 들어본 적이 없을 거야. 그것들은 모두 글보다는 창으로 들어야 제 맛이거든. 특히 심청이가 공양미 삼백 석에 팔려 가는 날에 부르는 사설은 지금 들어도 목이 메지.

닭아, 닭아 울지 마라. 제발 덕분 울지 마라. 네가 울면 날이 새고, 날이 새면 나 죽는다. 나 죽기는 서럽지 않으나, 의지할 데 없는 우리 아버지 홀로 두고 어찌 간단 말이냐?

지금도 이 사설을 들을 때마다 네 할머니께서 이 사설을 읊으시면서 눈물 흘리시던 모습이 떠오른단다.

심청이의 의붓어머니인 뺑덕어미를 묘사한 부분은 글로만 읽어도 마치 귀로 듣는 것처럼 생동감이 넘치고 재미있단다.

> 생긴 것도 사납거니와 행실 또한 참으로 고약하네. 양식 주고 떡 사먹고, 베 주고 술 사먹고, 욕심 많고, 흥 잘보고, 욕 잘하고, 없는 말 꾸며 이 집 저 집 이간질하고, 술 취해 한밤중에 누가 죽은 듯이 소리 내어 울고, 초상집에 가서 싸움하고, 신랑 신부 첫날밤 잠자는 방문 앞에 가만가만 다가가서 갑자기 불이야! 소리 지르고, 세상의 못된 짓이란 못된 짓은 다하는구나. 그 성질머리 또한 볼 만 허니 뺏죽하다 뺏죽하고, 핼끗하다 힐끗하고, 씰룩하다 쌜룩하고, 아무리 변덕이 죽 끓는 듯해도 차마 그럴 수는 없었다.

《심청전》은 익숙한 이야기지만 이렇게 귀로 들으면 또 새로울 거야. 그리고 이전에는 아버지를 정성껏 모신 심청이 복 받은 정도로 단순하게 받아들였던 줄거리도 다르게 보일 거야.

예를 들어 심청이가 아버지의 눈을 뜨게 하기 위해 공양미 삼백 석을 받고 인당수로 가는 장면을 곰곰이 생각해 볼까? 자식을 잃은 부모의 심정을 '단장斷腸'이라고 해. 뱃속이 조각조각 끊어지는 것 같은 고통이라는 뜻이야. 그렇다면 자신이 사라지면 아버지가 슬퍼할 것임을 잘 알면서도 스스로를 희생한 심청이의 선택을 과연 진짜 효도라고 할 수 있을까? 조선시대의 효는 지금 우리가 알고 있는 효와 달라서 그런 것일까? 만약 심청이 21세기 한국에 태어났다면 아버지를 위해 어떤 선택을 했을까?

못되고 부자인 형과 착하고 가난한 동생

다음으로 소개하는 이야기는 권선징악으로 유명한 《흥보전》이야. 《흥보전》 또한 판소리와 이야기가 합쳐진 고전이야. 그래서 노래가 많이 등장하지. 놀부의 심술을 묘사한 구절들은 지금 봐도 퍽 재미 있단다. "애호박에 말뚝 박고, 채소밭에 물똥 싸고, 고추밭에 소 몰고, 패는 곡식 싹둑 자르고, 술 먹으면 욕질하고, 시장가면 억지 쓰고…" 판소리 〈흥보가〉를 인터넷 동영상이나 CD 등을 통해 들은 다음에 《흥보전》을 읽으면 더욱 실감이 날 거야.

놀부와 흥부 이야기는 너도 많이 듣고 봐서 잘 알고 있을 거야. 놀부는 자신이 부자가 된 것은 부지런히 노력한 결과이고 흥부가 가난한 것은 게으른 탓이라고 주장하지. 그와 반대로 흥부는 자신에게 부자가 될 수 있는 기회가 없었다고 이렇게 한탄해.

세상 인심이 간사한들 어찌 너 같이 심하랴. 밥아, 너는 이제 세돗집과 부잣집만 찾아가느냐? 그리해 그 댁에선 먹다먹다, 못 먹어 개를 주고 돼지 주고 닭 주고 오리, 두루미 주고 그러고도 남아 쉬네, 썩네 하더구나.

착한 흥부가 복을 받고 못된 놀부는 벌을 받는다는 익숙한 이야기지만 또 이렇게 다시 보니까 권선징악 말고도 만만찮은 질문들이 나올 거야. 가난은 개인의 게으름 탓이라는 놀부의 말이 더 설득력이 있을까, 아니면 기회가 평등하지 않았기 때문이라는 흥보의 생각에 더 설득력이 있을까? 《흥보전》에서 던지고 있는 물음은 바로 지금 신문이나 방송에서 자주 볼 수 있는 논쟁거리야.

유럽에서도 애덤 스미스Adam Smith라는 경제학자는 부자에 대해 개인이 열심히 노력한 결과라고 보고 있지만, 마르크스Karl Heinrich Marx라는 사상가는 부자나 가난뱅이가 되는 것은 게을러서가 아니라 사회의 책임이라고 보고 있거든. 너는 누구의 생각에 더 눈길이 가니?

오직 한 사람만을 사랑한 소녀

정절과 사랑에 대해 이야기하는 우리 고전으로는 《춘향전》이 있단다. 정절은 연인에 대한 변치 않는 마음을 뜻해. 그리고 춘향은 자신의 연인인 이몽룡 도령만을 생각하며 다른 유혹과 협박에도 넘어가지 않았다는구나. 이러한 춘향의 마음이 많은 이들에게 호응을 받아 영화로도 많이 만들어졌지.

춘향이 변 사또를 거절한 다음 매를 맞으면서도 자신의 정절을 주장하는 사설은 다음과 같이 소개돼.

첫 번째 매를 맞고는 '매를 맞는다고 일부종사 굳은 마음 변하오리까?' 두 번째 매를 맞고는 '두 임금을 모시지 않는 것이 충신이요, 두 남편을 모시지 않는 것이 열녀이니, 어찌 두 마음을 먹겠소'. 세 번째 매를 맞고는 '여자는 세 사람을 따라야 한다고 배웠소. 결혼하기 전에는 아버지를 따르고, 결혼한 후에는 남편을 따르고, 늙어서는 자식을 따르라기에 남편을 따르려 하는 것인데 무엇이 잘못이란 말이요'. 네 번째 매를 맞고 피를 흘리면서도 '내 몸을 네 갈래로 찢는다고 해도 이 도령을 못 잊겠소'. 다섯 번째 매를 맞고 '다섯 마리 말 타고 오신 사또, 부디 삼강오륜을 따르시오'. 여섯 번째 매를 맞고 '여섯 번 죽어도 내 낭군은 이 도령이요'. 일곱 번째 매

를 맞고 '일곱 번 살아나도 이 도령을 찾을 게요. 수절이 죄라면 어
서 바삐 죽여주오'.

지금 연인들이 만나고 헤어지는 마음가짐과는 사뭇 다르지? 소
설의 배경이 되던 시기의 춘향과 이몽룡의 나이는 10대 중반, 지금
중고등학생이었을 시기인데 저리도 멋지게 사랑하는 것을 보면 청
소년들에게 사랑은 아직 이르다고 타이르는 어른들에게 대한 반박
이 될지도 모르겠구나.

춘향과 같이 연인 한 사람만 바라보며 '의리'를 지키는 여성을
가리켜 조선시대에서는 열녀라고 했단다. 열녀는 조선시대 여성들
의 모범상이어서 국가적으로도 장려했다고 해. 하지만 정절을 지
켜야 한다는 당시 사회 분위기가 여성들에게 너무 가혹하지는 않
았을까 하는 생각도 드는구나. 지금 우리의 시각에서 춘향은 어떤
여성일까? 또 지금 모범적인 여성은 어떤 모습일까?

세상을 바꾸고 싶었던 소년

네가 요즘 재미있게 보는 애니메이션에서는 주인공이 친구들과 함
께 하늘을 날며 번쩍거리는 마법을 쓰더구나. 우리 고전에도 그와

비슷한 이야기가 있단다. 바로 《홍길동전》이야. 하지만 《홍길동전》
은 단순히 박진감 넘치는 활극에 그치지 않고 신분차별을 고발하
는 사회 비판도 담고 있단다.

조선시대의 신분제도는 반상班常, 즉 양반과 상민으로 나뉘어 있
었어. 그리고 상민은 능력이 있어도 높은 지위에 오르기 힘들었단
다. 이 책을 지은 허균은 명문가 출신의 양반이었지만 주변에 서
얼 출신인 친구들이 많았다고 해. 서얼은 정식 부인이 아니라 첩에
게서 태어난 자식인 서자와 그 자손을 일컫는 말이야. 그가 스승으
로 여겼던 손곡 이달 또한 서얼 출신이었단다. 허균은 능력이 출중
하지만 신분의 벽 앞에서 좌절한 친구들을 지켜보며 《홍길동전》을
썼다고 하는구나.

홍길동이 자신의 아버지에게 하는 하소연은 곧 서얼 차별을 받
는 사람들을 대변하는 말이기도 해. "평생 아버지를 아버지라 부
르지 못하고, 형을 형이라 부르지 못하니 이런 원통한 일이 어디
에 있습니까."

홍길동은 연산군 때 실제로 있었던 도적의 이름이야. 나중에 허
균에 의해서 서얼 출신의 영웅으로 다시 탄생한 거지. 그런 홍길동
을 주인공으로 내세운 《홍길동전》의 줄거리는 퍽 단순해. 누구보
다 뛰어난 재주를 지녔지만 서자이기 때문에 뜻을 펴지 못하던 홍
길동은 집을 나와 활빈당이라는 의적 무리의 두목이 돼. 이후 팔도

를 돌아다니며 부정한 재물을 빼앗아 가난한 백성들에게 나눠 주지. 그러다 국왕의 회유로 조정에 들어가서 서얼 출신이라는 한을 푼 다음 조선을 떠나 율도국을 세워 잘 다스린다는 것으로 끝나.

조선시대가 끝난 지가 언젠데 무슨 신분 차별이 있냐고 되물을 수도 있겠구나. 하지만 《홍길동전》에서 말하는 차별은 지금도 곳곳에 있단다. 남들보다 배움이 짧아서, 또는 취향이나 피부색이 다르다고, 몸이 남들보다 조금 더 불편하기 때문에 차별을 받는 경우를 쉽게 찾아 볼 수 있을 거야. 그들은 다수인 우리와 다를 뿐인데 우리는 그들을 틀리다고 생각하는 건 아닐까.

세상을 비틀어 본 선비

조선시대의 또 다른 사회 비판 소설로는 《허생전》과 《양반전》이 있단다. 모두 연암 박지원이 썼지. 연암 박지원은 조선의 대표적인 실학자야. 실학은 실제로 쓸 수 있는 참된 학문이라는 뜻이란다. 사실에 입각해 진리를 탐구한다는 '실사구시實事求是'나 학문이란 실제 삶에 이롭게 쓰여야 한다는 '이용후생利用厚生'이라는 말은 모두 여기에서 비롯된 거야. 연암은 청나라에 갔을 때 선진 문물과 첨단 기술을 직접 경험했다고 해. 그리고 조선으로 돌아와서는 당시 현실을 강하게 비판하며 개혁을 주장했어.《허생전》과《양반전》도 조선이 선진국으로 바뀌기를 바라면서 쓴 글들이야.

먼저 국가 정책에 대해서 얘기하는《허생전》부터 볼까. 가난한 선비인 허생은 아내의 푸념을 듣고 공부를 하다 말고 집을 나가. 그리고 한양에서 가장 부자라는 변씨를 찾아가 돈 만 냥을 빌려 장사를 하는데, '매점매석'을 이용해 큰돈을 번단다. 매점매석이란 값싼 상품을 한꺼번에 많이 사 두었다가 그 가치가 귀해질 때 비싸게 되파는 행위를 뜻해. 그렇게 번 돈으로 허생은 가난한 자들을 돕고, 그 소문이 조정에까지 이르자 어영대장인 이완이 변씨와 함께 허생을 찾아 와. 이에 허생은 인재를 정성껏 찾아 모실 것, 훈척을 약화시킬 것, 우수한 자제들을 중국으로 유학 보낼 것 등을 제안하지만 이완이 모두 어렵다고 하자 곧 자취를 감추는 것으로 끝나.

300년 전의 이야기지만 허생이 장사를 하면서 경제에 대해 말하는 대목을 보면 마치 미래를 예견하는 것처럼 느껴지는구나. "조선은 외국과 무역이 적고 수레가 나라 안을 두루 돌아다니지 못하는 까닭에 모든 물건이 한 자리에서 나고 한 자리에서 소비되지요"라고 말하면서 해외무역과 교통이 발전해야 나라 경제가 튼튼해진다고 했거든. 우리가 지금처럼 살 수 있는 것도 1960년대 이후 도로를 정비하고 수출을 많이 했기 때문이란다.

《양반전》은 양반의 허례허식을 비판하는 내용을 담고 있단다.

정선의 한 양반이 관아에서 곡식을 빌려 먹은 게 쌓여 어느덧 빚이 1,000석에 이르렀다고 해. 이에 양반은 동네 부자에게 자신의 신분을 팔아 빚을 모두 갚아. 그러나 돈을 주고 양반 지위를 샀던 동네 부자는 다음과 같은 말을 듣고 양반의 지나친 특권과 엄격한 행동거지에 고개를 저으며 줄행랑을 쳤다고 해.

양반은 절대로 천한 일을 해서는 안 되며, 옛 사람의 아름다운 일을 본받아 뜻을 고상하게 세워야 하느니라. 새벽 네 시에 일어나 이부자리를 잘 정돈한 다음에 등불을 밝히고 꿇어앉는데 앉을 때는 정신을 맑게 가다듬어 눈으로 코끝을 가만히 내려다보고, 두 발꿈치는 가지런히 한데 모아 엉덩이를 괴어야 하며, 그 자세로 꼿꼿이 앉아《동래박의》를 얼음 위에 박을 밀듯이 술술 외어야 하느니라. 배고픈 것은 참고 추운 것도 견뎌야 하며 어떤 일이 있어도 가난하다는 말을 입 밖에 내서는 안 되느니라. 그리고 돈을 만져서는 안 되며, 아무리 더워도 버선을 벗어서도 안 되느니라. 밥을 먹을 때는 맨 상투바람으로 먹지 말며, 국부터 먼저 마시지 말며, 국을 먹을 때는 방정맞게 후루룩 소리 나게 마시지 말며…

조선시대 지배층인 양반들의 허례허식을 익살스럽게 비판하고 있는 거지. 그런데《양반전》에서 비판하는 풍경은 지금 여기 네 친구들에게서도 볼 수 있는 것들이야. 친구가 뭔가를 했으니까 얕보이기 싫어서 덩달아 따라서 했던 적이 있지 않니. 나 또한 있는 척, 아는 척을 하면서 지나고 보면 별것 아닌 것을 따르는 데 급급해 한 적은 없는지 돌아봐야겠구나.

우린 모두 어딘가에서는
소수자이다

:::::::::::::::::::::::::::::::::::

안데르센과 그림 형제, 이솝이 들려주는 '사람'다움

많은 학생들이 집단 따돌림을 한 번쯤은 경험했을 거야. 지금도 어딘가에서 '왕따'로 고민하는 아이들이 있을 것이고, 그게 너는 아닐까 항상 걱정도 되는구나. 이렇게 사회 현상이 된 학생들의 '왕따'에 대해 김붕년 서울대 의대 교수는 "우리 사회가 약자나 상대방의 어려운 처지에 대한 공감이 부족하기 때문"이라고 말했어.

한편 뇌 과학자들은 "어린이의 뇌는 말랑말랑한 플라스틱과 같아서 언어 교육을 집중적으로 시키면 언어를 맡은 뇌 부위가 커지고, 예술 교육을 많이 받으면 감성 부위가 커진다"라고 말했거든. 이런 말을 들으면 인성 교육을 해야 할 시기에 경쟁에서 이기는 것만 강조하니 집단 따돌림과 같은 사회 문제가 일어나는 게 아닐까 싶구나. 너는 어떻게 생각하니?

우리 사회는 산업화를 거치면서 상당한 부를 축적했지. 그 과정에서 손에 쥘 수 있는 결과가 중시되었어. 그리고 남에 대한 배려보다는 일단 자신부터 살아야 한다는 생각이 당연시되는 이기적인 분위기가 서서히 만들어졌단다. 잘 살기 위해서 열심히 달렸지만 그 결과는 우리의 기대와는 많이 달랐던 거지. 주변을 둘러보면 예전처럼 배를 곯는 사람은 줄어들었지만 많은 사람들이 살기 힘들다고 호소하고 있고, 자살과 같은 극단적인 선택을 하는 사람들도 늘어나고 있어.

문제는 소득 수준이 아닌 거야. 누군가는 일단 배가 불러야 여유도 찾을 수 있다고 하지. 하지만 우리가 이렇게 치열하게 사는 건 결국 행복하게 살기 위해서인데 어느덧 중요한 걸 놓치고 있는 건 아닌지 걱정되는구나.

우리 곁의 성냥팔이 소녀들과 만나기

안데르센Hans Christian Anderson의 동화는 마음을 따뜻하게 하고 어린이들의 상상력을 키워주는 이야기들이야. 안데르센은 덴마크의 동화 작가로 그의 이야기들에는 공통적으로 사람을 아끼는 감성이 녹아 있어 널리 사랑받았단다. 그중에서 몇 가지를 소개하려고 해.

《인어공주》는 인어공주가 바다 위의 왕자를 사랑하고, 또 그 사랑 때문에 아파하는 애틋한 이야기란다. 인어공주는 바다 밖 세상을 동경하며 왕자를 짝사랑한 끝에 마녀와 거래해 자신의 아름다운 목소리를 버리면서까지 뭍으로 올라 와.

그럼에도 그 사랑은 결실을 맺지 못해. 왕자는 이웃나라 공주와 결혼했거든. 사랑을 잃은 인어공주는 고향으로 돌아가기 위해 왕자의 심장을 단검으로 찔러야 했지만 차마 그럴 수 없어서 바다에 뛰어들었지.

인어공주는 낯선 땅에 올라가서 불행했을까? 아니면 사랑하는 사람의 곁에 있다는 것만으로도 행복했을까? 우리는 살아가면서 무심한 왕자가 되기도 하고 인어공주가 되기도 해. 어쩌면 인어공주 대신 왕자와 결혼한 이웃나라 공주님이 될 수도 있고 말이야. 누군가를 좋아한다는 것은 과연 어떤 의미일까?

《미운 아기 오리》는 집단 따돌림을 당하는 오리의 고통을 그린 이야기야. 백조는 아름다운 새이지만 오리 사회에서는 못생겼다고 구박을 받아. 외모로 상대를 함부로 평가하는 어리석음을 동화로 이야기하는 거지. 그리고 왕따를 당한다는 게 얼마나 괴로운 일인가도 잘 보여주고 있단다.

'왕따'는 교실 내의 문제가 아니라 우리 사회가 모두 나서서 바로 잡아야 하는 큰 잘못이야. 어린 학생들이 '왕따'를 견디지 못해 자살하는 일은 지금 이 순간에도 벌어지고 있어. 최근 미국에서는 '왕따'를 시키는 경우에 가해학생뿐만 아니라 부모나 교사들에게도 책임을 묻는다고 하더구나. 《미운 아기 오리》는 바로 그 '다수와 다르다는 이유로 누군가를 미워하고 따돌린다는 것'의 문제점에 대해 이야기하고 있는 거야.

《성냥팔이 소녀》는 크리스마스 전 날 밤, 한 가난한 소녀가 추운 거리를 헤매면서 성냥을 파는 이야기야. 소녀는 얼어붙은 손을 녹이기 위해 자신이 팔아야 하는 성냥 한 개비를 그어. 그러자 눈앞에서 환상이 보이는 거야. 그렇게 소녀는 차가운 거리 구석에서 따뜻한 난로, 맛있는 음식, 아름다운 크리스마스 트리, 인자한 할머니의 사랑을 그리며 남은 성냥을 몽땅 써 버린 다음 잠들 듯 눈을 감았다는 슬픈 이야기야.

우리 주변에는 경제적으로 궁핍한 사람들뿐만 아니라 몸이 불편한 장애인, 부모 없이 자라는 고아, 자식 없이 홀로 지내는 노인, 외국에서 건너와 낯선 한국에 정착하기 위해 노력하는 사람 등 남들만큼의 삶을 살아가기 위해서는 아주 많은 노력을 해야 하는 처지에 놓인 사람들이 있단다. 네가 안데르센의 동화를 통해 우리 주위에 어려운 사람들이 누가 있는지, 그 사람들과 더불어 살기 위해 우리가 무엇을 할 수 있는지, 우리 사회는 그들을 얼마나 배려하고 있는지를 돌아보았으면 한단다.

아빠도 미국에서 공부할 때 '왕따'를 경험했단다. 피부색이 다수와 다르다는 이유 때문이었어. 우리는 모두 어딘가에서는 결국 소수자일 수밖에 없단다. 누구나 '왕따'가 될 수 있는 거야.

옆 사람에게 손 내밀어 주기

하지만 단순히 어려운 처지에 놓인 사람을 보고 가슴 아파하는 것만으로는 부족하단다. 한 걸음 더 나아가 왜 그런 일이 벌어졌는지에 대해 분석하고 판단할 줄 알아야 해. 그래서 네게 《그림 동화》를 권하고 싶구나.

《그림 동화》는 독일에서 전해 내려오는 전설들을 엮은 책으로, 그림이 있는 동화가 아니라 지은이의 성이 그림Grimm이라서 붙여진 이름이란다. 지은이인 그림 형제는 독일에서 활동했던 학자들로 형은 야콥이고 동생은 빌헬름이야. 입에서 입으로 전해지는 이야기들이었다는 점에서 우리의 전래동화들과 비슷하지?

그중에서 《헨젤과 그레텔》은 과자로 된 집을 마음껏 먹는 장면으로 익숙하지만 안을 들여다보면 매우 무섭고 슬픈 이야기란다. 헨젤과 그레텔 남매는 어려운 가정 형편 때문에 집에서 쫓겨

나고 말거든. 오갈 데 없는 어린 남매는 배를 곯으며 숲을 헤매다가 마녀에게 붙잡히지. 다행히 남매는 위기에서 벗어나 마녀의 집에서 탈출해.

살아가면서 우리는 수많은 위기와 맞닥뜨리게 돼. 더러는 슬기롭게 극복하기도 하지만, 더러는 봉변을 당하기도 하지. 중요한 건 꼭 내가 아니라도 누군가 다음에 비슷한 상황과 맞닥뜨렸을 때 도움이 될 수 있도록 내가 어려움에 처했을 때 어떻게 대처했는지를 기록으로 남기는 것이란다. 나 또한 네게 그동안 겪었던 험한 순간들에 대해 종종 얘기했던 까닭은 영웅담을 늘어놓기 위해서가 아니라 네가 도처에 놓인 돌부리들에 넘어지지 않고 무사히 앞을 걸어갔으면 하는 바람 때문이었단다.

《브레멘 음악대》는 널리 알려진 대로 수탉, 고양이, 개, 당나귀 등 주인에게 충성을 다했지만 나이가 들자 버림받은 동물들의 이야기야. 다행히 이들은 서로를 의지하면서 브레멘의 음악대원이 되기 위해 여행하다가 도둑들을 내쫓은 집에서 행복하게 살았다는 것으로 끝을 맺는단다.

당나귀의 이 말이 유독 오래 기억에 남는구나. "죽음보다 나은 것을 찾을 수 있을 거야. 우리와 함께 브레멘으로 가자." 나도 한 해 두 해 나이를 먹다 보니 브레멘 음악대 늙은 동물들의 사연이 남의 이야기처럼 들리지가 않는구나. 우리 주변에는 우리가 달려가느라

뒤에 남겨진 사람들이 있단다. 그들에게 필요한 것은 보고 있기만 하는 것이 아니라 당나귀가 동료들에게 그랬던 것처럼 누군가 수줍게 먼저 내밀어 주는 손길이 아닐까.

스스로를 되돌아보기

《이솝 우화》는 세상을 슬기롭게 살아가는 처세술을 우화 형식으로 들려주는 이야기 모음이란다. 이솝은 '아이소포스'라는 그리스 이름을 영어식으로 발음한 거야. 이솝은 기원전 6세기 사람으로 매우 못생긴 노예였지만 만사를 꿰뚫어보는 날카로운 지혜를 가지고 있었다고 해. 노예였으니까 자신의 지혜를 전하기 위해서는 우화와 같은 형식으로 돌려서 얘기할 수밖에 없었을 거야.

《이솝 우화》에서 들려주는 상황들은 먼 옛날 그리스가 아니라 지금 우리의 실제 생활에서 자주 맞닥뜨리는 문제들이기도 해. 예를 들어 《여우와 학》 이야기를 볼까.

어느 날 여우는 친구인 학에게 음식을 대접했단다. 그런데 여우의 주둥이에 맞춘 접시에 음식이 담겨 있었기 때문에 부리를 가진 학은 음식을 먹지 못했어. 서운한 학은 다음에 자신이 여우에게 음식을 대접할 때는 새의 부리에 맞춘 높다란 병에 음식을 담았다고 해. 당연히 여우는 먹지 못했지. 우화지만 이런 일은 주변에서 자주 볼 수 있단다. 나 또한 살아오면서 어리석은 선택으로 수없이 여우가 되기도 하고 학의 입장도 되면서 갈등을 빚었지.

사람은 살아가면서 누구나 실수를 하고 어리석은 선택을 하고 또 별 것 아닌 일로 다투기도 한단다. 아무리 현명한 사람이라고 해도 마찬가지야. 이렇게 누구나 잘못을 저지르는 걸 피할 수 없다면 중요한 건 그 다음에 어떻게 행동하느냐일 거야. 어리석음이란 어리석은 선택 자체가 아니라 그것을 뒤돌아보며 반성할 줄 모르는 태도란다. 역사에 이름을 남긴 훌륭한 위인들은 모두 스스로를 반성하면서 살았다고 해. 옛날 어른들은 '일일삼성—日三省'이라고 해 하루에 세 번은 자신을 반성하는 시간을 가져야 한다고 했거든.

우리는 시험 성적이 좋으면 "시험을 잘 봤어"라고 얘기하지만 성적이 좋지 않으면 "시험 성적을 나쁘게 받았어"라고 얘기하기 마련이지. 그렇게 모든 잘못을 남의 책임으로 미뤄서는 발전할 수가 없을 거야. 김수환 추기경께서도 늘 '내 탓이요"라고 하면서 반성했다고 하잖아.

사람은 머리가 아니라
가슴으로 세상을 본다

감상에 '정답'이 없는 우리의 고운 시들

미술이나 시는 여유 있는 사람들의 취미 정도로 생각하지. 주변을 살펴봐도 입시와 바로 연결되는 영어나 수학 등에만 관심이 있지 음악과 미술, 문학에는 별 관심이 없는 것 같지 않니?

이성보다 먼저 나오는 감성

사람의 뇌는 새로운 사실을 받아들일 때 감성이 먼저 작동한다고 하더구나. 감각 기능이 전체 상황을 파악하고 난 다음에 논리나 분석이 움직이기 시작한다는 거지. 따라서 감각 기능이 발달하지 않은 사람은 새로운 상황을 쉽게 감지하지 못하기 때문에 이미 알려진 사실을 외우기에만 급급하게 돼.

우리는 과학자들이 복잡한 수학 공식과 컴퓨터, 실험 도구만 가지고 과학을 연구한다고 생각하지. 하지만 과학자들의 창조적인 생각들은 계산이 아니라 감성을 통해 떠오르는 경우가 많단다. 과학자들의 성장 과정을 살펴봐도 대부분 예술을 가까이 했어. 아인슈타인도 평생 음악을 좋아했다고 해. 그는 "나의 과학적 상상력은 음악의 도움에 의한 것이었다"라고 말한 적도 있단다.

바로 지금 길러야 하는 감성

감성이 메말랐다면 살아가는 게 참 재미없을 거야. 여행을 간다고 해도 편안한 잠자리나 맛있는 음식에만 관심이 쏠려 여행이 삶에 얼마나 큰 위로가 되는지에 대해서는 대충 넘어가게 되지 않을까. 그저 남들이 권해주는 대로만 보고 느끼겠지.

이러한 감성은 바로 지금 네 나이 때 길러야 해. 요즘에는 초등학생 때를 놓치면 기회가 없더구나. 중고등학생들은 입시 준비 때문에 바빠 시, 음악, 미술을 감상할 여유가 좀처럼 주어지지 않는 게 현실이거든.

나를 감동시키는 시

아빠도 초등학생 때 국어 교과서에 실린 강소천이나 이원수의 시를 읽고 느낀 감동이 지금까지 가슴 속에 살아 있단다. 중학생 때는 《학원》 잡지에 실린 헤르만 헤세의 시를 즐겨 읽었어. 헤세의 시는 수풀 속 나뭇잎 사이로 스며드는 햇살까지 섬세하게 표현하고 있단다. 그때 나는 학교 수업을 마치고 나면 자주 숲 속에 누워서 나무와 구름과 하늘을 바라보면서 헤세의 시를 소리 내 외웠지.

> 숲이 금빛으로 타고 있다.
> 상냥한 그와,
> 여러 번 나란히 걷던 이 길을
> 나는 혼자서 걸어간다.
>
> 이런 화창한 날에는
> 오랫동안 품고 있던 행복도 괴로움도,
> 향기 속으로
> 먼 풍경으로 녹아 들어간다.

_헤르만 헤세, 〈가을날〉 중에서

너도 가끔 하늘과 구름과 나무를 보며 시를 낭송해보는 것은 어떻겠니. 시를 소리 내 읽다 보면 시의 운율이 몸에 배어들 거야. 시의 운율을 느끼는 것은 시의 아름다움을 느끼는 시작이기도 해. 마음이 맞는 친구들과 함께 시를 낭송해 보는 것도 좋겠다. 나와는 다른 호흡을 가진 사람들의 낭송을 듣는 것은 시의 운율을 새롭게 느끼는 기회가 될 수 있기 때문이야.

나만의 감성, 나만의 해석

시를 읽으면서 그 의미에 대해 시험 보듯이 따지는 것은 시를 읽는 좋은 방법이 아니야. 읽으면서 순수하게 시의 맛을 느낄 수 있어야지. 시를 분석한 해설집을 통해서 시를 이해하는 것은 누군가에게 음식을 대신 맛보라고 하는 것만큼이나 어리석은 일이란다. 시의 맛은 시어와 운율의 아름다움을 통해서 느낄 수 있는 거란다. 그렇게 되기 위해서는 여러 번 시를 읽어 보아야 하겠지. 잡지를 훑어보는 것처럼 한 번 읽고 지나치면 시의 맛을 제대로 느끼지 못할 거야.

미술가에게 미술 감상법을 물어보면 그림을 자주 보라고 말하곤 해. 음악가에게 음악 감상법을 물어보면 역시 음악을 자주 들어

보아야 한다고 말하지. 문학 작품도 마찬가지야. 자주 읽어봐야 그 느낌을 얻을 수 있을 거야.

시를 읽었으면 책을 덮고 끝내지 말고 그 느낌에 대해 써 보면 더 좋을 거야. 이때 숙제를 하는 것처럼 부담을 가지지 말고 책을 읽은 감상에 대해 있는 그대로 적어보는 것은 어떨까? 처음에는 힘들겠지만 자주 읽고 쓰다 보면 서서히 자신만의 안목이 생길 거란다.

어른들은 왜
아이들에게 잔소리를 할까?

: :

마크 트웨인의 《톰 소여의 모험》, 다니엘 디포의 《로빈슨 크루소》,
콜럼버스의 《콜럼버스 항해록》

너도 초등학교 고학년쯤 되니까 유난히 모험을 좋아하게 되더구
나. 나도 지금 네 나이만할 때 장난이 얼마나 심했는지 몰라. 어머
니를 속이기도 하고, 선생님을 골탕 먹이기도 했었지.

어떻게 보면 장난이 심한 아이가 나중에 더 큰 일을 할 수 있는
기질을 갖고 있는지도 모르겠구나. 어렸을 때 모험을 좋아하는 장
난꾸러기 기질이 성인이 되면 새로운 세계를 개척하는 용기로 발
전하는 경우가 많기 때문이야. 위인들도 모두 어린 시절에 모험과
도전으로 칭찬과 비난을 동시에 받으면서 자랐단다.

어른들은 자꾸 꾸짖게 되지만, 너희들의 장난꾸러기 기질은 성
장에 꼭 필요한 거란다. 학교 우등생이 사회에서는 열등생이 된다

는 말은 아마도 이러한 사정을 잘 설명하는 사례일 거야. 지능은 문제풀이가 아니라 경험이나 모험을 통해 발달하는 거란다. 모험을 시도해 보지 못한 아이는, 그래서 성공도 실패도 경험하지 못한 아이는 사회에 나와 큰 일이 닥쳤을 때 제대로 대응하지 못하더구나.

우리 어른들은 네 또래의 세계를 잘 몰라. 그래서 너희들은 "어른들은 몰라요"라고 하지. 하지만 어른들이라고 너희만한 시절이 왜 없었겠니. 다만 어른이 된다는 것은 자신이 거쳐 온 어린 시절이 희미해진다는 것을 의미하기도 한단다. 그래서 어른들도 동화를 읽어야 해. 예를 들어 《톰 소여의 모험》을 읽으면 어른들도 톰 소여나 허클베리 핀 못지않았던 개구쟁이 어린 시절로 돌아가면서, 너희들의 장난을 조금 더 너그럽게 이해해 주지 않을까.

어른들은 아무것도 모른다

마크 트웨인Mark Twain이 쓴 《톰 소여의 모험》은 이런 소년들이 가정, 교회, 학교, 사회에서 겪는 어려움을 솔직하게 보여주고 있는 자전적인 소설이야. 어른들은 소년들의 꿈을 이해하지 못하고 아이들에게 규범에 맞춰 반듯한 어른으로 성장하기를 강요하기 마련이거든.

그래서 톰이 겪는 갈등은 너도 겪어본, 어쩌면 지금도 겪고 있는 일인지도 모르겠구나. 부모의 잔소리, 지겨운 학교생활, 여자 친구와의 갈등, 집을 떠나서 자유롭게 살고 싶은 유혹, 친구들에게 영웅 대접을 받고 싶은 심리 등 소년들이라면 한 번쯤 겪었던 것들이기 때문이야.

톰은 마을에서 알아주는 말썽꾸러기야. 그래서 매일 같이 폴리 이모에게 야단을 맞아. 하지만 이모가 그렇게 잔소리를 하는 건 톰을 올바르게 키워야겠다는 책임감 때문이야. 그래서 톰이 싫어한다는 것을 알면서도 잔소리를 그만두지 못해. 이건 부모들이라면 모두 공감하는 부분일 거야.

톰은 학교생활도 엉망이야. 학교에 가기 싫어서 꾀병을 앓기도 하고, 주일학교에서는 친구와 장난만 치지. 선생님이 자신을 다른 아이와 비교하는 것도 참지 못할 고통이고 말이야.

그래서 톰은 괴짜인 허클베리 핀과 사귀기도 해. 친구들에게 인기를 얻기 위해 기행을 일삼는가 하면 자신의 용기를 시험하기 위해 공동묘지를 밤에 들렀다가 살인사건을 목격하기도 하지. 톰의 경우에서 보듯이 이때의 아이들은 모두 불안감과 인정을 받고 싶은 욕구 사이에서 갈등하며 감정을 조절하지 못하는 모습을 보이곤 해. 너도 지금 그렇고, 나 또한 그랬듯이 아이들은 '이유 없는 반항'을 하기 마련이야.

급기야 톰과 친구들은 집단 가출해 미시시피 강변의 무인도 섬에 가서 해적 행세를 하게 돼. 그 때문에 마을 전체가 소년들을 찾아 나서는 소동이 벌어지지. 그 과정에서 아이들도 부모의 사랑이나 가정의 소중함을 경험하게 되고, 어른들은 아이들의 세계를 이해하게 된단다.

톰은 이렇게 떠들썩한 과정을 거치면서 이모의 사랑을 받아들이고, 여자 친구 베키를 진정으로 아끼게 되었으며, 사형 받을 위기에 처한 억울한 사람을 위해서 위험을 무릅쓰고 증언대에 서는 정의감도 발휘하게 돼. 어른들의 편견에 아랑곳하지 않고 동네에서 부랑아 취급을 받는 허클베리 핀과도 깊은 우정을 나누고 말이야.

나도 이 소설을 다시 읽으면서 새삼 반성했단다. 내가 과연 너를 얼마나 이해하고 있는지 자신이 없었기 때문이야. 언젠가 네게 《톰 소여의 모험》을 읽은 다음 줄거리를 요약해 이야기해보자고 했었지. 네 친구들은 트위터에 올리는 짧은 글 정도만 간신히 쓰잖아. 그래서 너에게 작문 숙제를 자주 내줬는데, 지금 생각해 보니 네가 톰처럼 갑갑해 하지는 않았나 싶구나.

인간은 혼자가 아니다

어른들의 잔소리는 너희들만큼은 자신이 경험한 실수들을 반복하지 않기 위한 바람이기도 하단다. 너희들도 잔소리를 하는 어른들의 마음을 이해할 거야. 이해하지만 지겹겠지. 때로는 '세상을 사는 데 정말 중요한 건 그런 게 아니라고요'라고 속으로 반발할지도 모르고 말이야. 그래서 아빠도 네게 잔소리가 아니라 책을 통해 조심스럽게 조언하려고 해.

이번에 소개하는 다니엘 디포Daniel Defoe의 《로빈슨 크루소》는 '사람은 무엇으로 사는가'에 대해 생각해 보게 하는 소설이란다. 또 우리가 일상에서 의식하지 못하고 당연하게 생각하는 여러 가지 문명의 혜택을 되돌아보게도 만들지. 소설의 줄거리는 요즘 텔레비전에서 자주 볼 수 있는 서바이벌 게임과 비슷해. 극한 상황에서 인간이 살아남기 위해 벌이는 몸부림을 그리고 있거든.

만약 무인도에 혼자 남겨진다면, 또는 세상에서 나 혼자만 남았다면 어떻게 살아갈지에 대해 막연하게라도 상상해 본 적이 있을 거야. 소설의 주인공인 로빈슨 크루소도 항해 중에 폭풍우를 만나서 홀로 무인도로 오게 돼. 다행히 목숨을 건졌지만 그에게 당장 필요한 것은 사람이 살아가는 데 가장 기본적인 먹을 것과 입을 것, 그리고 잠자리였지.

그는 의식주 문제를 해결하는 과정에서 집을 짓고 식량을 구하고 옷을 만드는 방법 등에 대해 조금씩 터득해 나가. 동물을 사육하고 식물을 재배하는 등 먹을 것을 가꾸는 방법도 익힌단다.

문명 생활을 할 때는 너무나 당연하게 받아들였던 일상이 무인도에서 살고 있는 그에게는 하나하나 투쟁이었던 거야. 그는 가장 기본적인 생활을 오로지 혼자 힘으로 해결하면서 의식주를 해결하는 방법도 유목민 생활을 하던 시대, 농경생활을 하던 시대, 산업화가 이루어지면서 분업이 이루어지던 시대를 거쳐 점차 발전했음을 깨달아. 인간의 문명이 발달하는 단계를 몸으로 체험한 거지.

의식주가 해결되고 생활이 어느 정도 안정되면서 로빈슨 크루소에게는 다른 문제가 생겼어. 바로 외로움이었단다. 그는 친구를 찾기 위해 섬에서 벗어날 궁리를 하게 돼. 그러던 어느 날 죽을 고비에 있는 한 사람을 구해줘. 크루소는 그에게 '프라이데이'라는 이름을 지어준 다음 같이 지내게 되지. 그리고 그와의 만남을 통해 대화를 나눌 수 있다는 게 얼마나 좋은 일인지를 알게 돼.

현대 사회에서도 문제가 되는 게 고독이란다. 서로의 정을 나누지 않고 인간은 살 수 없어. 그래서 누군가와 대화한다는 것은 상대에 대한 배려이기도 하단다. 예수가 말하는 사랑이나 부처가 말하는 자비, 공자가 말하는 인은 모두가 상대의 이야기를 귀 기울여 들어주고 또 상대에게 나의 이야기를 들려주는 거야.

《로빈슨 크루소》를 읽고 넌 어떤 생각이 들었니? 사람이 살아가는 데 필요한 것은 무엇일까? 아니면 의식주를 해결하는 방법은 어떻게 발전했는가? 또는 사람은 무엇으로 사는가? 네가 이 책을 읽으면서 품었던 고민들은 평생을 살아가면서 두고두고 생각하고 해결해야 할 문제들이야. 나 또한 그렇고 말이야. 우리는 넓든 좁든 무인도를 살아가는 로빈슨 크루소니까 말이다.

탐험가, 또는 침략자 콜럼버스

이번에는 실제 인물인 콜럼버스가 자신의 모험에 대해 쓴 책인 《콜럼버스 항해록》에 대해서 소개할게. 크리스토퍼 콜럼버스Cristoforo Colombo는 항구도시 제노바에서 포르투갈 선원들이 멀리 대서양과 아프리카 해안까지 항해하기 위해 카라벨caravel선을 타는 것을 보며 자랐단다. 그때부터 그는 멋진 배를 타고 세계 곳곳을 가 보고 싶었다고 해. 그래서 콜럼버스는 먼저 배에 대해서 차근차근 공부했어. 이렇게 콜럼버스가 어릴 때 품은 꿈은 그에게 아메리카를 탐험하는 동기가 되었단다. 예전에 네가 좋아했던 "꿈은 이루어진다"라는 월드컵 구호가 떠오르지?

당시 세계 정세를 살펴보면 오스만 튀르크제국이 콘스탄티노플을 점령하면서 유럽의 동방 무역통로가 막혀 버렸거든. 콜럼버스는 그 소식을 듣고 "서쪽으로 계속 가면 인도에 닿을 수 있을 거야"라고 결심해. 그리고 23세가 되던 해, 콜럼버스는 꿈에 그리던 배에 타게 되지. 항해를 하면서 콜럼버스는 항로, 해류, 바람의 세기와 방향 등의 항해와 관련된 모든 것을 꼼꼼하게 기록했어. 그리고 언젠가는 배를 타고 인도로 가겠다는 결심을 굳혔다고 해.

당시 많은 유럽인들은 아시아를 야만인들이 사는 곳이라고 알고 있었고, 대서양을 통해 인도로 간다는 발상은 매우 위험한 생각으로 받아들여졌어. 그런데 콜럼버스는 '지구는 둥글기 때문에 대서양을 가로지르는 것이 인도에 닿을 수 있는 가장 빠른 길'이라고 포르투갈의 주앙 2세Joao II를 설득했지. 하지만 주앙 2세는 신하들의 만류로 콜럼버스의 제안을 거부하게 돼. 콜럼버스의 항해를 지원하기 위해서는 경제적으로 많은 부담을 각오해야 했거든.

콜럼버스는 포기하지 않고 다시 스페인의 이사벨 1세Isabel I를 찾아갔어. 콜럼버스는 '서쪽으로 가면 반드시 인도에 닿을 수 있습니다. 인도에 가면 엄청난 보물을 가져올 수 있습니다. 뿐만 아니라 인도에 기독교를 전파할 수 있습니다'라고 설득했지. 그러나 스페인의 위원회도 마찬가지로 콜럼버스의 계획을 거부했어.

사람들은 콜럼버스를 보고 "터무니없는 생각을 하는 미치광이"라고 놀렸단다. 그러나 그는 '지금이 내 생애에서 가장 힘든 시기다. 하지만 절대 희망을 버리지 않겠다'고 다짐했다고 해. 그렇게 희망을 버리지 않고 때를 기다리던 콜럼버스에게 뜻밖의 기회가 찾아와. 이사벨 1세가 콜럼버스의 항해 계획을 승인한 거야.

이 책은 바로 콜럼버스가 신항로 개척을 위해 200여 일간 항해한 과정이야. 콜럼버스가 꿈에도 그렸던 신항로 개척을 위한 항해였지만 모험이 결코 달콤하지만은 않았어.

새로운 길을 찾아 나서는 모험은 쉽지 않기 때문에 모험인 거야. 그리고 폐쇄된 환경에서 기약 없는 여행을 하는 것은 아무리 노련한 선원들이라도 참기 힘들었을 테지. 항해가 한정 없이 길어지면서 선원들은 불안해졌고, 고향을 많이 그리워했어. 풍랑과 역병으로 많은 선원이 죽고, 잠시 정박한 곳의 원주민들과 불화를 겪기도 했단다. 급기야 그들은 콜럼버스를 살해하려는 음모도 꾸몄어.

이 책에서 볼 수 있는 콜럼버스의 모습이 언제나 영웅적이지만은 않아. 선원들을 진정시키기 위해서라지만 사람들을 속이는가 하면 부자가 될 욕심에 전전긍긍하기도 하지. 하지만 콜럼버스는 위험 앞에서도 신념을 잃지 않는 용기로 지친 선원들을 설득하고 다독이면서 아메리카 대륙에 도착하게 돼. 결과적으로 콜럼버스는 인도로 가는 신항로 개척에는 실패했지만 유럽인들에게 아메리카 대륙이라는 새로운 세계를 보여주었지.

콜럼버스에 의해 해로를 통한 동방무역의 가능성이 확인되면서 세계 무역의 주도권은 이탈리아에서 포르투갈과 스페인으로, 다시 영국, 프랑스, 네덜란드로 옮겨졌단다. 근대에 들어 영국, 프랑스, 네덜란드가 세계를 제패할 수 있었던 게 바로 신항로 개척의 결과인 거야.

신항로의 개척으로 아시아의 향료와 도자기, 차, 견직물 등이 유럽 시장에 대량으로 공급되었어. 아메리카에서는 담배, 감자, 옥수수, 코코아가 수입되었지. 유럽은 세계의 물품이 모두 모여드는 국제 시장이 되었고, 그 길을 연 사람이 바로 콜럼버스인 거야.

그러나 콜럼버스의 탐험이 역사적으로 긍정적인 영향을 끼친 것만은 아니란다. 콜럼버스와 선원들에 의해 아메리카로 옮아진 병은 면역력이 없었던 아메리카 원주민들에게 엄청난 재앙이 되었어. 콜럼버스 스스로도 원주민들을 많이 학살하고 노예로 삼았다고 해. 신항로를 바탕으로 기독교가 세계로 전파되는 과정에서도 수많은 충돌이 발생하면서 많은 피가 흘렀단다. 우리도 조선시대에 천주교가 전래되는 과정에서 많은 갈등이 있었지.

이러한 결과들은 지금의 세계 정세와도 무관하지 않을 거야. 세계 곳곳에서 벌어지는 테러나 전쟁, 그리고 많은 국가들이 여전히 빈곤에서 벗어나지 못하는 상황을 거슬러 올라가 보면 제국주의 국가들이 다른 대륙의 국가들을 침략했던 역사가 있거든. 새로운 길을 열고 싶었던 소년의 모험심과 꿈이 모두 좋은 결말인 건 아닌 것 같구나.

아이들은 길 위에서
배우고 성장한다

· ·

마크 트웨인의 《허클베리 핀의 모험》, 쥘 베른의 《80일간의 세계일주》

'귀여운 자식일수록 여행을 시키라'는 말이 있지. 여행을 통해 고생을 해 보면 성숙한 사람이 된다는 뜻이야. 이런 얘기를 하면 너는 고개를 저을지도 모르겠지만, 요즘처럼 성인이 되어서도 버릇없이 구는 '덜 자란 어른들'의 시대에 적합한 말이 아닌가 싶구나. 여행을 하다 보면 예기치 않은 어려운 일을 수없이 겪기 마련이거든. 그 어려운 일을 부모의 도움 없이 혼자서 해결해야 하지. 네게 여행을 권하는 것도 네가 보다 성숙해지기를 바라기 때문이란다. 이제부터 소개하는 책들은 바로 여행을 통해 성장해 가는 이야기들이야.

여행을 통해 배우는 나와 다른 세상

《허클베리 핀의 모험》은 앞에 나온《톰 소여의 모험》의 연작이야. 《톰 소여의 모험》이 마을에서 겪게 되는 소소한 이야기라면,《허클베리 핀의 모험》은 허클베리 핀(이하 혁)이 미시시피 강을 떠내려가면서 겪게 되는 고난과 사회 부조리를 고발하는 이야기야.

저자인 마크 트웨인은 미국에서 활동한 작가로 매서우면서도 재치 있는 사회풍자로 유명해. 그의 작품들을 살펴보면 무엇에도 얽매이지 않는 자유와 참된 용기가 강조되는데, 실제로 그는 인종차별이나 제국주의를 미워했다고 하더구나. 너도 여러 번 접했을 《왕자와 거지》도 바로 그의 작품이란다.

혁은 주정뱅이 아버지의 폭력에 시달리는 소년이야. 견디다 못한 혁은 자신이 짐승에게 물려죽은 것처럼 위장해 아버지로부터 탈출해. 그리고 우연히 만난 흑인 노예 짐과 함께 뗏목을 타고 미시시피 강을 내려가면서 갖은 고생을 하게 된단다.

혁은 짐과 함께 생활하면서 흑인 노예들의 슬픔을 이해하고 짐을 도와주려고 노력해. 당시 미국에서는 흑인을 노예로 부리고 있었고, 주인은 노예를 마음대로 사고 팔 수 있었어. 그래서 많은 흑인 가족들이 서로 다른 주인을 만나 뿔뿔이 흩어져 살아야 하는 가슴 아픈 상황도 종종 벌어졌단다. 이러한 흑인들의 고통이 잘 드러난 소설이 《톰 아저씨의 오두막집》으로, 노예 해방 운동이나 남북 전쟁에서 큰 역할을 했다고 하지. 노예 해방 운동을 전개한 링컨 대통령도 《톰 아저씨의 오두막집》을 감명 깊게 읽었다고 해.

혁은 강을 따라가면서 수많은 사람들과 만난단다. 어떤 곳에서는 두 명문가가 원한 때문에 서로 죽고 죽이는 끔찍한 광경을 목격하기도 해. 더 극적인 경험은 사기꾼 두 사람을 만난 거야. 혁은 그들 옆에서 그들의 사기에 넘어가는 어리석은 어른들을 보기도 한단다.

소설을 읽다 보면 줄거리도 줄거리지만 등장인물들의 다양한 성격이나 배경 묘사에 더 눈길이 갈 거야. 따분하고 규율에 얽매인 생활이 싫어서 모험을 떠나는 혁이나 두 사기꾼의 강한 개성, 사기꾼에게 놀아나는 사람들의 다양한 욕망들, 기상천외한 상상력을 보여주는 톰의 성격이 생생하게 묘사되어 있거든.

혁과 함께 미시시피 강을 여행한 짐을 보면서 어떤 생각이 들었는지 궁금하구나. 피부색이 달라서 빚어지는 갈등은 1800년대 미국 사회 인종차별 정책에서만 볼 수 있는 게 아닐지도 몰라. 네가 다니는 교실을 살펴봐도 다문화 가정 출신인 친구들이 있잖니.

그럼 미국은 뿌리 깊은 흑백 갈등을 어떻게 극복했을지 궁금하기도 할 거야. 그 역사를 살펴보면 우리에게도 많은 도움이 될 테고 말이지. 미국에서 흑인과 백인이 함께하는, 지금으로서는 너무나 당연한 풍경이 일상이 된 건 몇 년 되지 않아. 1960년대까지만 해도 미국 남부에서는 흑인과 백인이 같은 학교나 같은 교회, 같은 식당에 앉아 있을 수 없었거든.

여전히 흑백 갈등은 남아 있다고 하지만, 지금 미국은 흑인인 오바마가 국민들의 선택을 받아 대통령이 되었어. 미국이라는 다양한 인종들이 모인 거대한 나라가 어떻게 화합했는지에 대해서는, 어쩌면 허클베리 핀이 힌트가 될지도 모르겠구나.

이제껏 가 보지 못한 곳으로 떠나는 여행

아빠는 '미지의 세계로 떠나는 여행' 하면 쥘 베른Jules Verne이 맨 처음 떠오른단다. 쥘 베른은 프랑스의 소설가로 평소 여행을 좋아하고 호기심이 많았다고 해. 그의 이러한 성향이 미지의 세계를 모험하는 소설들을 쓸 수 있는 힘이 되었지. 《15소년 표류기》, 《해저 2만 리》, 《80일간의 세계일주》가 모두 쥘 베른의 작품이란다.

그 가운데 《80일간의 세계일주》는 주인공 필리어스 포그가 내기에 의해 정해진 기간 내에 세계 일주 여행을 마친다는 이야기야. 허클베리 핀보다 훨씬 스케일이 크지? 하지만 여행을 통해 성장한다는 메시지는 비슷하단다. 필리어스 포그는 80일 안에 세계일주

를 끝내면 2만 파운드를 받는다는 조건으로 런던에서 출발해 수에
즈 운하, 홍해, 인도, 중국, 일본, 미국을 거쳐 다시 영국에 도착하
는 여행을 떠난단다. 그 과정에서 주인공들은 자신이 몸담았던 유
럽과는 다른 세계의 지리와 풍토, 문화와 습관과 맞닥뜨리면서 오
해를 받고 갈등을 겪기도 하지. 예를 들어 주인공과 함께하는 하
인 파스파르투는 힌두교 사원에 신발을 벗지 않고 들어왔다는 죄
로 재판을 받고 벌금을 물거든. 현지 문화를 이해하지 못해서 일어
난 갈등인 거지.

주인공들끼리도 성격이 맞지 않아 충돌하기도 해. 필리어스 포
그는 치밀하고 인내심이 강한 '영국 신사'라면 파스파르투는 쾌활
하고 기지가 넘치며 입을 열기 시작하면 숨도 쉬지 않고 말하는 '수
다쟁이 프랑스인'이었거든.

또 배를 타고 가면서 폭풍우와 씨름하기도 하고, 기차선로가
끊겨 여행이 지체되는 위기를 겪기도 했어. 주인공 일행이 인도
의 밀림 속을 지날 때는 남편이 죽으면 아내를 불에 태워 함께 죽
이는 '수티'라는 원주민 종교 의식 행렬과 만나는데, 파스파르투가
죽을 위기에 처한 여인을 살려내는 기지를 발휘하기도 해. 이렇게
파란만장한 여행에서 포그는 과연 이 모든 장애를 극복하고, 80일
만에 세계일주에 성공할 수 있을까 궁금하지 않니? 이 소설을 읽고
나면 세계를 여행하고 싶다는 마음이 생길 거야.

책에 나온 에피소드들 가운데 한 가지를 소개해 볼게. 주인공들이 일본 요코하마에 들렀을 때의 묘사는 우리 한국인이 보기에 제법 흥미로운 데가 있단다.

목탁 소리를 내며 열을 지어 지나가는 승려, 옻칠을 한 뾰족 모자를 쓰고 허리에 칼 두 자루를 찬 세관 관리나 경찰관, 하얀 줄무늬가 있는 푸른 면으로 된 옷을 입고 격발 소총으로 무장한 군인, 비단 저고리에 갑옷을 입은 덴노天皇의 병사, 그리고 각양각색의 제복을 입은 군인 등, 중국에서는 군인이 천하게 여겨지는 데 반해서 일본에서는 존경을 받았다.

《80일간의 세계 일주》는 단순한 모험담에서 그치지 않고 저자가 당시 세계 정세를 바라 본 성찰이 녹아 있기도 해. 예를 들어 미국에 들렀을 때는 싸움판 같은 정치 집회의 모습이나 기차선로를 결정하는 과정에서 벌어지는 이권 다툼이 자세히 나와 있거든.

이 책의 주요 무대 가운데 하나였던 인도만 봐도 그래. 지금은 '브릭스Brics'라고 해서 브라질, 중국, 러시아와 함께 가장 자원이 많고 발전 가능성이 높은 나라로 평가하고 있지. 한편으로, 높은 발전 가능성을 가지고 있다는 평가는 아직도 발전해야 할 부분들이 많다는 것을 의미하기도 해. 왜 인도와 같은 강력한 힘을 가진 대국에게 이런 평가가 내려졌을까. 여전히 국민들을 계급으로 나눠 갈라놓는 카스트제도 때문인지, 인종이나 종교 갈등 때문인지 생각해 볼 문제야.

그리고 우리가 인도에 대해서 19세기에 쓰인 이 소설 이상으로 잘 알고 있는지에 대해서도 고민해 볼 필요가 있어. 인도는 우리나라 기업들이 많이 진출해 있을 정도로 눈부신 발전을 거둔 나라지만 여전히 우리는 인도를 신비스럽기만 한 철학자의 나라로 생각하고 있지는 않을까. 세계로 진출하기 위해 외국어 공부에 열을 올리지만, 외국어 시험 점수보다 중요한 것은 외국의 역사나 문화에 대한 이해일 거야.

너와 함께 지도를 펴놓고 《80일간의 세계일주》에서 주인공 일행이 거친 여행 경로와 그 나라의 역사, 문화를 짚어 보면서 19세기에 작가가 그렸던 모습이 지금은 어떻게 변했는지를 이야기해 보고 싶구나.

상상하는 것을 멈춘다면
우리는 어떻게 될까?

: :

《그리스 로마 신화》와 《서유기》, 그리고 《천일야화》

오늘날 우리가 누리는 과학과 기술의 혜택은 모두 상상력의 산물이란다. 인간이 달에 발을 디딘 것도 불과 백 년 전에는 쥘 베른의 소설 속에서나 가능했던 공상이었어. 오늘날 우리가 읽은 과학 소설이나 영화 속 장면들도 모두 현실 공간에서 모습을 드러내고 있지 않니? 당장 네 바지 주머니 속에 있는 스마트폰도 얼마 전까지는 영화에서나 보았던 꿈만 같은 물건이었거든.

위대한 과학자들은 모두 어려서부터 상상의 세계를 넘나들던 사람들이란다. 과학은 상상을 현실화하는 도구일 뿐이지. 계산을 아무리 잘해도 상상력이 없이는 위대한 발견을 할 수 없을 거야.

이러한 상상의 세계에 입문하는 것이 바로 신화를 읽는 일이야.

신화는 인류가 자신이 살고 있는 세상을 해석하기 위해 이것저것 궁리하며 상상의 나래를 펼친 거대한 이야기이기 때문이지. 페이스북의 창업자 저커버그Mark Elliot Zuckerberg는 초등학생 시절에 《그리스 로마 신화》에 심취했었다고 해. 아시아에서 최초로 노벨 물리학상을 받은 유카와 히데키湯川秀樹도 장자의 글에서 연구의 힌트를 얻었다고 하지.

유럽인들을 아우르는 하나의 상상

요즘 넌 톰 클랜시Thomas Leo Clancy의 기발하고 치밀한 상상력이 돋보이는 소설들에 푹 빠졌지. 어떤 책은 열 번도 더 읽는 것 같더구나. 훗날 지금을 돌이켜 보면 네가 응접실 마루에서 데굴데굴 구르며 톰 클랜시의 소설을 읽는 모습부터 떠오를 거야.

그래서 이번에는 톰 클랜시의 소설만큼이나 재밌는 신화를 소개해 주려고 해. 바로 《그리스 로마 신화》란다.

흔히 그리스 로마 신화는 서구 문학의 뿌리이자 인간이 상상할 수 있는 모든 것을 보여주는 이야기라고들 하지. 고대 그리스인들은 자신들의 신화를 미토스Mythos, 즉 '이야기'라고 했어. 우주 탄생에서 시작해 인간과 다를 바 없는 모습을 보여 주는 올림푸스 산의 신들, 그 아래에서 사랑하고 미워하는 인간들과 초인적인 영웅들이 어우러져 풍성한 이야기를 만들어 가는 게 바로 그리스 신화거든. 그리스와 로마를 묶어 부르는 까닭은 서구 문명의 발상지라고 할 수 있는 고대 그리스의 문화를 로마제국이 받아들이면서 신화 또한 이어받았기 때문이란다. 이를 19세기 신화학자인 토마스 벌핀치Thomas Bulfinch가 책으로 정리한 게 《그리스 로마 신화》야.

서구 문명권에서 나온 어떤 책을 읽든지 그 바탕에는 그리스 로마 신화가 깔려 있어. 심청이나 춘향 이야기가 우리에게는 상식인 것처럼 말이야. 그래서 그리스 로마 신화를 모르고는 서구 문명에서 나온 고전을 이해할 수 없다고들 하지. 카뮈Albert Camus가 부조리를 이야기하며 예로 들었던 '시지프스의 신화'도, 제임스 조이스James Joyce의 소설 제목인 '율리시스'도 모두 그리스 로마 신화에 바탕을 둔 거야. 신문 기사에서도 종종 등장하는 '미다스의 손', '판도라의 상자'를 비롯해 우리의 컴퓨터를 괴롭히는 '트로이 목마'나 자기 잘난 맛에 취한 이를 가리키는 '나르시스트' 등도 모두 그리스 로마 신화에서 유래한 말이거든.

《그리스 로마 신화》를 읽고 나면 네가 기발한 상상력에 감탄하면서 봤던 책과 영화, 만화들에서 이전에는 모르고 지나갔던 풍부하고 복잡한 의미들을 발견하게 될 거야.

동아시아인들이 상상한 손오공들의 뿌리

네가 좋아하는 만화들을 보니 주인공으로 손오공이 많이 등장하더구나. 그 다양한 모습의 손오공들은 만화가들의 기발한 상상력으로 다시 만들어진 것이기는 하지만 어디까지나 뿌리는 《서유기》에 있단다. 중국 명나라 때 오승은吳承恩이 쓴 《서유기》는 삼장법사가 당唐나라 태종의 명을 받고 천축(지금의 인도)에 가서 불경을 구해오는 과정을 그린 이야기야.

당나라는 당시 세계 최고의 문화 선진국이었어. 개방적인 정책으로 세계 여러 나라와 교류하며 문화를 발전시켰는데, 인도로부터 전래된 불교도 이 무렵에 그 꽃을 활짝 피웠단다.

당나라에서 발전한 불교는 우리 문화에도 많은 영향을 주었어. 당나라에 불교 유학을 떠났던 원효대사가 해골 물을 마시고 큰 깨달음을 얻어 도중에 돌아온 이야기는 당시 얼마나 많은 신라 사람들이 당나라에 공부하러 갔었는지를 짐작하게 해 주지.

《서유기》에서 삼장법사는 손오공, 저팔계, 사오정과 함께 천축에 도착하기까지 81가지 고난을 겪는단다. 하지만 손오공의 신출귀몰한 재주로 온갖 마귀의 방해를 모두 극복하고 천축에 가서 불경을 구해 오는 데 성공하지.

《서유기》에서 손오공은 천상과 천하, 그리고 바다 밑까지 가리지 않고 시간과 공간을 자유롭게 넘나들어. 손오공은 '근두운법'을 사용해 한 번 재주를 넘으면 10만 8천 리를 갈 수 있었다고 해.《서유기》의 설정에 의하면 하늘에서의 하루는 지상에서는 일 년이거든. 아인슈타인의 상대성 이론으로 보자면 손오공은 빛을 타고 지구에서의 시간과 공간 개념을 초월해 우주 속의 시간과 공간에서 놀았던 거지.

아인슈타인은 우주에서의 시간이 지구에서 바라보는 시간과 다르다고 주장했어. 이게 바로 상대성 이론이야. 예를 들어 지구에서 안드로메다까지 실제 거리는 230만 광년인데 빛의 속도로 가면 4일 밖에 걸리지 않는다고 해. 다만 빛의 속도로 안드로메다에 도착했을 때 지구의 시간은 230만 년 후의 미래가 되는 거지.

우리가 살고 있는 세계는 우리가 상상했던 것보다 훨씬 공상과 같은 것인지도 모르겠구나. 우리가 꿈꾸는 상상의 세계 또한 허무맹랑한 이야기만은 아닐지도 몰라.

천 하루 동안 이어져 온 무슬림들의 상상

《천일야화》는 지도를 펴 놓고 읽어야 해. 이야기의 배경이 우리에게 생소한 이슬람권이기 때문이란다. 이슬람권의 지명, 인명, 관직,

건물, 종교에 관한 이야기가 자주 나오기 때문에 이슬람 문화에 대한 공부도 필요하고 말이야.

우리가 역사에서 배웠듯이 메소포타미아 지역은 세계 4대 문명의 발상지야. 오늘날의 이라크, 이란, 시리아, 요르단이 여기에 속하지. 지도를 보면 네게 익숙한 이름도 있을 것이고 낯선 국가도 있을 거야. 하지만 우리는 원유의 85%, 천연가스의 47%를 그곳에서 수입하고 있단다. 한국 건설계에게도 이슬람권은 큰 시장이야. 건설 수주의 59%, 플랜트 수출의 32%가 바로 이슬람권의 주요 지역인 중동에서 이루어졌거든.

그러나 우리는 이슬람권에 대해서 잘 모른단다. 이슬람권은 우리와 경제적으로 가깝지만 문화적으로는 먼 곳이야. '중동'이라고 하면 석유가 나는 부유한 나라, 그러나 문화적으로는 낙후된 지역으로만 알고 있지. 전문 외교관 중에서도 아랍어를 제대로 구사할 수 있는 사람이 거의 없다고 해. 이러니 중동의 문화를 이해하고 있는 인재가 얼마나 될까?

이슬람권에 대한 편견을 버리고 그들을 제대로 이해하기 위한 방법은 바로 그들이 만든 책들을 많이 보는 거야. 《천일야화》를 읽는 것은 그 첫 걸음이 될 수 있겠지.

이야기는 사산 왕조의 왕인 샤리아르가 노예에게 한눈을 판 부인에 대한 복수심으로 매일 새로운 여인들을 궁으로 불러서 하루를 함께한 다음 죽이는 것으로부터 시작돼. 온 나라가 이런 왕의 포악함에 전전긍긍하고 있을 때 셰에라자드라는 총명한 여인의 기지로 젊은 여성들이 매일 같이 죽어 나가는 위기를 모면하게 되지. 궁으로 불려간 셰에라자드는 자신의 이야기가 재미있다고 생각되면 살려주고, 그렇지 못하면 죽여도 좋다고 왕에게 요청했거든. 그가 들려주는 이야기의 재미에 홀린 왕은 천 하루 동안 이야기를 계속하도록 살려두었다고 해. 그래서 제목이 천 하루 밤의 이야기, 즉 '천일야화千一夜話'야.

많은 이야기 가운데에서 내가 가장 재미있게 읽었던 이야기는 〈알리바바와 사십 인의 도둑〉이야. 기지를 발휘해 알리바바를 습격하려고 한 도둑을 몰아내는 하녀의 이야기는 지금도 기억에 남는단다. 도둑들이 알리바바의 집에 ×표를 그려 구분시켜 놓자 모든 집에 ×표를 해 도둑들을 혼란에 빠뜨리거든. 무엇보다 도둑들이 굴 속에 보물을 숨겨 놓고 "열려라 참깨" 하면 문이 스르르 열리는 부분이 특히 재미있었어.

그런데 〈알리바바와 40인의 도둑〉과 같이 널리 알려진 이야기가 사실 《천일야화》에는 없었던 이야기라는구나. 갈랑Antoine Galland이란 사람이 《천일야화》를 유럽에 소개하면서 임의로 넣은 이야기라는 거야. 결국 우리가 그동안 읽어 왔던 건 이슬람권에서 전해지던 이야기가 아니라 유럽인이 바라 본 《천일야화》인 거지.

하지만 이렇게 《천일야화》란 책이 있다는 건 알게 되었으니 마냥 속은 기분은 안 드는구나. 이 책이 지금까지 생소했던 이슬람 세계에 대해 관심을 갖게 되는 계기가 되었으면 좋겠다. 언젠가 꼭 진짜 《천일야화》를 접하렴.

2장

새가 날기 위해서는
껍질을 깨야 한다

성장통을 겪는 너에게

어른이 되기 위해서는
고통이 따른다

:::::::::::::::::::::::::::::::::::::

지금 네가 그렇듯이 이제 막 아이의 경계를 넘어선 청소년들은 많이 불안할 거야. 그래서 사소한 일로 어른에게 대들고, 곧 후회하곤 하지. 집에서는 형제간의 갈등이 시작되고, 학교에서는 친구들과의 관계가 고민일 거야. 이성에 대한 관심이 부쩍 높아지면서 성적인 욕구도 왕성해질 것이고 말이지. 스스로의 미래에 대해서도 불안할 거야. 웃자란 식물처럼 껑충한 키로 이제 다 컸다고 우쭐해하면서도 '나는 왜 이 정도밖에 되지 못하는 사람인가' 하는 자기 비하가 심해지는 시기이기도 하고 말이다. 이 시기를 가리켜 바로 사춘기라고 한단다.

사춘기에 들어서면 '성장통'을 겪게 된단다. 친구 관계, 이성 문제, 진로 문제 등이 한꺼번에 몰려오기 시작하지. 가정과 부모의 울타리를 벗어나 모진 세상으로 첫발을 내디디기 때문이야. 그래서 어떤 심리학자는 이 시기를 '어두운 밤바다 위의 조각배'에 비유하기도 했어. 갈 길을 잃고 헤매는 때라는 거지. 하지만 어른이 되려면 반드시 이 어려운 시기를 스스로의 힘으로 헤쳐 나가야 한단다.

내가 퇴근할 때면 강아지처럼 뛰어 나와 반기던 네 모습이 엊그제 같은데, 오늘 방문을 걸어 잠그고 있다가 고개만 삐죽 내미는 모습을 보니 어느새 너도 성장통을 앓기 시작한 것 같구나. 이제까지 어른들의 가르침을 얌전히 따랐던 네가 사사건건 대들고 반항하는 모습이 아직은 낯설어 적응이 되지 않는단다. 말과 몸짓 모두로 나를 거부하는 것 같아 사춘기려니 머리로는 이해를 하면서도 서운하기도 했어. 나만큼은 이런 말을 하지 않으려고 했지만 나도 모르게 '내가 저를 어떻게 키웠는데' 하는 한탄도 나오더구나.

이전과는 달라진 몸과 마음

사춘기가 되면 신체적 변화도 급격하게 진행된단다. 특히 이성에 대한 호기심이 강해지는 시기가 바로 사춘기야. 프로이트의 말에 따르면 성적인 욕구는 인간의 기본적인 본능이고 단계적으로 발달한다고 하거든. 사춘기는 신체적인 변화로 인해 성적인 욕구가 본격적으로 나타나는 단계란다.

하지만 청소년의 성적인 욕구를 제대로 바라보는 사회나 가정은 많지 않아. 사회적으로는 성적인 주제 자체를 꺼리는 도덕성의 그물에서 빠져나오지 못하고 있지. 가정에서도 부모가 아이들과 성적인 문제를 솔직하게 이야기하는 건 청소년 드라마에서나 가능한 이야기일 거야. 이러한 분위기에서 성적인 욕구를 꽁꽁 감추고 억누르기만 하다 보니 건강하게 발산되지 못하고, 훗날 어른이 되었을 때 삐뚤어진 욕망으로 나타나는 경우가 종종 있단다.

빨리 어른으로 인정받고 싶은 욕심

사춘기에는 자아성취 또한 중요한 문제로 등장한단다. 어른의 보호를 벗어나서 자신의 의지로 무언가를 이루어 보고 싶어 하기 마련이거든. 부모의 잔소리를 벗어나서 내 뜻대로 해 보고 싶어지는 거지. 그래서 외향적인 학생들은 가정을 떠나 친구들을 통해 새로운 울타리를 만들게 되고, 반대로 너와 같이 내성적인 학생들은 침범 받지 않는 자신만의 공간에서 혼자 있기를 원한단다.

너는 알아서 잘 지낼 테니 걱정 말라고 하지만 부모 마음이 어디 그렇겠니. 어제와는 확연하게 달라진 너의 모습에 당황하게 되고, 새로운 모습을 이해하고 싶어 무리하게 다가가지. 그럴수록 너는 부모를 귀찮아하면서 피할 테고 말이야. 너와 친구들은 어른들이 자신들의 세계를 이해하지 못한다고 단정하잖아. 하지만 너희들이 쉽게 내뱉는 "엄마 아빠는 몰라도 돼"라는 말에 부모는 깊이 절망한단다. 사춘기 때 흔들리는 건 너희들만이 아니야.

어른들은 왜 질문에
제대로 답해주지 않을까?

: :

헤르만 헤세의 《데미안》

난 가끔 네가 무슨 생각을 하는지 간절하게 알고 싶을 때가 있단다. 그럴 때마다 내가 너만 했을 때는 어떤 고민이 있었고, 그것을 어떻게 극복했는지를 되돌아보게 되더구나. 사춘기를 호되게 보내고 있던 때, 나는 《데미안》을 읽으면서 크게 위로를 받았구나. 소설 속 주인공이 모든 사춘기 청소년들의 심정을 대변하고 있는 것 같았기 때문이야. 당시 내가 심각하게 고민했던 문제들은 내 또래라면 누구나 품고 있을 공통된 고민이었을 거야. 헤세는 이것을 새가 알을 깨고 밖으로 나오는 과정에 비유해. 병아리가 알을 깨고 나오는 몸부림, 즉 어른이 되기 위한 성장통이라는 거야.

세상에 첫 발을 내딛는 그 순간

《데미안》은 사춘기 청소년들이 겪는 몇 가지 문제를 중심으로 구성되어 있어. 첫째는 왕따 문제야. 소설 속의 '나'는 따뜻한 가정에서 어둡고 험한 학교로 나서며 여러 가지 어려움을 겪게 되는데, 처음 맞닥뜨리는 문제가 바로 집단 따돌림이야. 주인공은 '왕따'를 당하지 않기 위해 또래 집단의 우두머리격인 불량소년에게 접근하지만 그건 더욱 나쁜 결과를 가져오게 되지. 이런 고민에서 구원이 된 건 친구 데미안이야. 데미안을 통해 '나'는 성장하게 돼. "오늘에서야 나는 알았다. 인간에게는, 이 세상에서 자기 자신에게로 이끄는 길을 가는 것보다 더 어려운 일은 없다는 것을!" '나'는 세상이 수없는 장애물을 스스로 헤쳐 나가야 하는 고통의 연속이라는 것을 깨달은 거야.

이성 관계도 큰 고민이야. '나'는 종교가 성을 죄악시하는 데 대해 강한 반감을 갖게 되거든. '나'는 이 문제에 대해 데미안과 상의함으로써 성에 대한 생각의 폭을 넓혀가게 돼. 하지만 그 과정에서 고민은 깊어가고 술과 향락에 빠져들기도 하지. 폭음과 폭행을 통해 고민들을 풀어보려고 하지만 그건 고민으로부터 도피하는 것일 뿐이야.

껍질을 깨고 홀로 서기

그러던 어느 봄날 '나'는 젊은 여성을 만나서 삶의 의욕을 찾게 돼. '나'는 그에게 '베아트리체'라는 이름을 붙여. 세상에서 가장 순수하고 아름다운 여성이란 뜻이야. 그러나 첫사랑은 대개 실패로 끝난다고 하지. '나'는 다시 고뇌의 늪에 빠지게 된단다.

종교에 대한 고민도 '나'를 괴롭히지. '나'는 삶과 죽음에 대한 답을 찾으려고 해. 데미안은 그런 '나'에게 스스로 해결하는 수밖에 없다고 하면서 다음과 같은 조언을 건네줘.

새는 알에서 나오려고 싸운다. 알은 새의 세계다. 태어나려고 하는 자는 하나의 세계를 깨뜨리지 않으면 안 된다. 새는 신을 향해 날아간다. 그 신의 이름은 아프락시스다.

자아를 찾기 위해서는 낡은 세계를 극복하고 새로운 세계로 나아가야 한다는 거야. 그것은 괴로운 길이지만, 괴롭다고 멈추면 성장은 영원히 이루어지지 않겠지.

'나'는 다시 길을 찾아 나선 끝에 구원이 인간 자신에게서 온다는 것을 깨닫게 돼.

"우리는 언제나 우리가 다른 사람과 다르다고 구분하는 것만을 개인적인 것이라고 생각하고 있지. 그러나 우리 모두는 이 세계의 온갖 재고품으로 구성되어 있는 거야."

"그가 그것을 의식하지 못하는 한 그는 한 그루의 나무이거나 돌이며, 기껏해야 짐승에 불과하지. 그러나 이 인식의 최초의 불꽃이 번쩍 빛나기만 하면 그는 비로소 인간이 되는 거야."

누구도 대신해 줄 수 없는 나만의 질문

헤르만 헤세는 《데미안》을 통해 '나는 누구인가?'를 찾아가는 길을 소개하면서 '인간의 삶에서 진정한 것은 자기 자신에게 도달하는 것뿐이다'라고 얘기하고 있는 게 아닐까?

너 또한 요즘 스스로에 대해 이런저런 고민들을 하고 있겠구나. 그 고민들은 누구나 살아가면서 한 번쯤 품기 마련이고, 어른이 되면서 각자 나름의 해답이나 타협안을 정리했을 거야. 그 가운데 일부는 책으로도 남겨졌을 테고 말이다. 그러나 네가 품고 있는 고민에 대한 해답은 어떤 위대한 스승이라도 대신 알려줄 수 없을 거야. 누구나 가지고 있는 비슷한 고민이라고 해도, 그것은 너만의 고민이기 때문이지. 네 스스로 힘껏 고민해 봐.

참된 용기란
무엇일까?

: :

추적의 《명심보감》과 아리스토텔레스의 《니코마코스 윤리학》

혹자는 청소년들의 인간 관계에 대해 "중학교 1~2학년은 가족 중
심에서 또래 중심으로 이동하는 시기이다. 부모의 통제가 지배하
는 시기에서 또래 문화의 영향이 지배하는 시기로 전환하는 단계"
라고 진단하더구나. 친구나 교사와의 소통이 잘 이루어지고 인정
을 받게 되면 자신의 정체성을 확립하게 되지만, 그렇지 못하면 '왕
따'가 된다는 거지.

　청소년 시기에 친구란 친하게 지내는 동료에서 한 걸음 더 나아
가 부모를 벗어나 새롭게 구축한 자신만의 세계라는 의미가 있지.
그래서 청소년기에 또래로부터 거부당하는 것은 큰 충격이 될 거
야. 나도 네가 교우 관계 때문에 고민하는 모습을 보고 많이 걱정

스러웠단다. 마음 같아서는 내가 나서서 적극적으로 해결하고 싶었지만, 네 스스로 극복할 수밖에 없는 문제라고 생각하고 참았지.

'왕따' 문제를 해결하는 길은 아이들에게 사람을 대하는 예의를 제대로 가르치는 게 아닐까. 우리는 사람이 사람을 대하는 올바른 태도를 가리켜 예의라고 한다. 그리고 예의는 가정에서부터 시작돼. 가장 가까운 부모형제와 좋은 관계를 유지하지 못하면서 어떻게 밖에서 친구들과 원만한 관계를 맺을 수 있을까.

그렇기 때문에 우리 사회에 만연한 청소년 폭력이나 '왕따'는 가해자의 폭력성이나 피해자의 연약함보다 청소년들에게 올바른 가치관을 제시해 주지 못한 사회 전체에 책임을 물어야 하는 문제라고 생각해. 집단이 어느 한 사람을 괴롭힌다는 게, 사람이 사람을 무시한다는 게 얼마나 무서운 폭력인가를 모두가 알아야 해. 인간에 대한 최소한의 예의를 잊는다면 그것은 언젠가 고스란히 자신에게 돌아오기 마련이거든.

마음을 다스리기 위해 들여다보는 거울

그래서 이번에 네게 소개하고 싶은 책은 《명심보감》이야. 《명심보감》은 고려 충렬왕 때 추적秋適이라는 사람이 동양의 고전 가운데 교훈이 될 만한 구절을 뽑아서 편집해 놓은 책이란다. 유교 철학이 주로 인용되는데, 그중에서도 《논어》에 나오는 구절이 가장 많아.

《명심보감》에서 가장 먼저 소개되는 가르침은 유학의 기본 철학인 '천명사상天命思想'이야. 하늘의 이치를 따르는 자는 흥하고 하늘의 이치를 거스르는 자는 망한다는 거지. 부귀도 하늘의 뜻이고 수명도 하늘의 뜻이라는 건데, 과연 하늘의 뜻이란 무엇일까? 바로 나를 미루어 다른 사람의 처지를 헤아리는 착한 마음이야.

서구의 여느 사상과는 반대되는 가르침이라 네가 고개를 갸웃할지도 모르겠구나. 인간의 노력에 의해서 삶은 개선될 수 있고, 삶이란 개척되어야 한다는 서구적인 관점에서 보면 하늘의 뜻에 따라 순리대로 살라는 천명사상은 수동적인 태도처럼 보이기도 할 거야. 그러나 자신의 욕망을 채우기 위해서 수단과 방법을 가리지 않는 태도가 당연시되는 지금, 한 번 짚어볼 만한 사상이지 않을까? 왕따를 시키는 것도 남을 배려하지 않고 자신의 욕심에만 집중하는 이기심에서 비롯되었을 테니까 말이다.

《명심보감》의 두 번째 가르침은 효행孝行이야. 공자는 효행이란 부모의 마음을 헤아리는 것이라고 말한다. 그래서 '부모님이 살아 계시면 멀리 놀러가지 않고, 놀러갈 때는 반드시 가는 곳을 알려야 한다'고 주장하지. 이 또한 지금과는 맞지 않는 가르침이라고 생각할지도 모르겠구나.

부모들이 항상 걱정하는 게 자식의 안전이야. 자식이 무사히 잘 지내고 있음을 확인해야 안심하고 잠자리에 드는 것이 부모 마음이란다. 너도 이런 부모의 마음을 헤아려 주었으면 해. 요란하게 부모를 위하는 게 아니라, 부모의 마음을 헤아리고 이해하는 것이야말로 진정한 효가 아닐까.

세 번째는 수신修身이야. 수신이란 마음을 바르게 닦는 방법을 뜻해. 공자는 사람이 살아가는 데 세 가지 경계할 일이 있다고 말했단다. 젊어서는 혈기가 안정되어 있지 않으므로 성욕을 경계해야 하고, 장년이 되어서는 혈기가 왕성해지므로 다투는 것을 경계해야 하며, 늙어서는 혈기가 사그라졌으므로 탐욕을 경계해야 한다는 거야.

네 번째는 마음을 다스리는 방법이야. '만족할 줄 알면 즐거울 것이고 탐욕이 많으면 근심이 많아진다'는 마음가짐으로 범사에 감사하라는 가르침이지. 이러한 말 또한 아직 네 귀에는 잘 들리지 않을 거야. 우리 사회는 자신의 욕심을 한껏 높이 설정한 다음 그것을 달성하기 위해 노력하는 성취욕을 높이 평가하기 때문이지. 따라서 작은 일에 만족하는 것은 패배자들의 타협이라고 생각할지도 모르겠구나. 그러나 내가 이룬 것보다는 남이 가진 떡이 항상 더 커 보이는 법이고, 사람의 욕심은 끝이 없거든. 그렇게 위만 바라보면서 뛰어가다 보면 평생을 결핍감만 느끼며 살아야 할 거야. 그런 태도야말로 스스로를 패배자로 몰고 가는 게 아닐까.

다섯 번째는 참을 줄 아는 마음이야. 《명심보감》에서는 '한때의 울분을 참아내면 백날의 걱정을 피할 수 있다'고 하지. 자장子張이 공자에게 어떻게 해야 참을 수 있는지를 묻자 공자는 이렇게 말했어.

천자가 참으면 나라에 해로움이 없고, 제후가 참으면 땅이 커질 것 이며, 형제가 참으면 집안이 부귀해질 것이고, 부부가 참으면 평생 을 함께 할 수 있으며, 친구끼리 참으면 명예가 없어지지 않고, 자 신이 참으면 재앙이 없다.

너도 자주 화를 내는 편이지. 마음에서 불이 타오를 때는 바로 감정을 드러내지 말고 스스로를 멀리서 관찰하는 것처럼 자신이 왜 화를 내는지에 대해 한 번 더 생각해 보았으면 한다. '참을 인忍 셋이면 살인도 면한다'는 옛말도 있잖아.

여섯 번째 주제는 배워야 한다는 거야. 《명심보감》에서는 다음 과 같이 말하고 있지.

"사람이 배우지 않으면 마치 하늘에 오르려는 데 날개가 없는 것 과 같고, 배워서 지혜가 원대해지면 높은 산에 올라 세상을 바라보 는 것과 같다."

"옥은 다듬지 않으면 그릇이 되지 못하고 사람은 배우지 못하면 도리를 알지 못한다."

"사람이 태어나 배우지 못하면 어두운 밤길을 걷는 것과 같다."

배움에는 때가 없다고 하지만 청소년기는 무엇인가를 배우기가 가장 수월한 시기이기도 해. 어른들이 얼마나 공부하기 어려운 상황인지는 주변을 살펴 보면 잘 알 거야. 지금 당장 귀찮다고 해서 배움을 막연하게 생각하는 미래로 미루지 않았으면 한단다.

넘치거나 모자라지 않도록
스스로를 다스리기

《니코마코스 윤리학》은 아리스토텔레스Αριστοτέλης가 자신의 아들인 니코마코스에게 인생을 어떻게 살아야 할 것인가를 알려주기 위해 쓴 책이야. 아버지가 아들에게 들려주는 이야기이기에 남의 일 같지 않아 한 번 더 눈이 가더구나. 재미있는 것은 그리스의 아리스토텔레스나 중국의 공자와 맹자의 생각이 다르지 않다는 거야. 아버지의 마음은 어디에서나 똑같은가 보다. 아리스토텔레스나 공자가 강조한 게 모두 '중용中庸'이거든. 인생을 행복하게 사는 비결은 지나친 욕심을 경계하고 중용을 지키는 데 있다는 거야.

아리스토텔레스에게 행복한 삶이란 육체적 쾌락이나 명예보다는 정신적인 즐거움을 얻어야 달성되는 거야. 그의 말에 따르면 정신적인 즐거움은 지적인 것과 도덕적인 것으로 나뉜다는구나. 철학이나 학문을 통해서 얻어지는 게 지적인 즐거움이라면, 너그러움이나 절제 등은 도덕적 즐거움이라고 할 수 있지.

덕이 갖추어지기 위해서는 자신의 감정을 잘 다스릴 수 있는 내적 수양이 되어 있어야 할 거야. 그러기 위해서는 살아가면서 부딪히는 모든 일에 정념이 넘치거나 모자라지 않는 중간 상태를 유지하려는 마음가짐이 필요하겠지.

그 중간 상태란 '마땅한 때에, 마땅한 일에 대해, 마땅한 동기로, 그리고 마땅한 태도로 행동하는 것'이야. 아리스토텔레스에게 지나침과 모자람은 악의 특징이고, 중용은 덕의 특징이었어. 그러고 보니 공자 또한 '지나친 것은 모자란 것만 못하다'라고 중용을 강조했구나.

일상생활에서 중용을 유지하는 태도는 덕을 실천하는 거야. 인간의 덕은 어려운 일이나 두려운 일과 만날 때 잘 나타나거든. 아리스토텔레스에게 용기란 두려운 일과 맞닥뜨렸을 때 중용의 덕을 지키는 거야. 두려워할 만한 것을 마땅한 동기에서 마땅한 태도로 마땅한 때에 두려워하는 사람은 용기가 있는 거지. 그러나 무서운 일이 닥쳤을 때 지나치게 태연한 사람은 무모한 사람이거나 허풍쟁이일 거야. 또한 지나치게 두려워하는 경우는 겁쟁이일 테고 말이야. 그러므로 아리스토텔레스가 말하는 진정한 용기란 두려움과 태연함의 중간인 중용을 취하는 것이겠지.

너와 네 친구들은 모두 경쟁심이 강할 거야. 그래서 친구들에게 자신이 용기 있는 사람임을 과시하기 위해 무모한 행동도 할 것이고 말이야. 하지만 어떤 게 진정한 용기일까? 아리스토텔레스에 의하면 무모함은 진정한 용기가 아니거든. 오히려 자존심을 지키기 위해, 얕보이는 것이 싫어 무리하는 게 아니라 필요한 때에만 나서는 것이야말로 진정한 용기인 거지.

행복한 삶을 살기 위한 두 번째 덕은 절제야. 쾌락에 대해 중용을 지키는 거지. 지겹게 들릴지도 모르겠지만, 청소년기는 쾌락에 취약하단다. 자극적인 유혹이 많아지지만 쾌락을 적절하게 끊는 절제심은 아직 부족한 시기이기 때문이야. 자신이 하고 싶은 대로 행동하는 것을 가리켜 방종이라고 하지. 절제하는 사람은 그가 마땅히 추구해야 할 것을, 마땅히 추구해야 할 정도로, 그리고 마땅히 추구해야 할 때에 추구할 거야. 그게 아리스토텔레스가 말하는 중용의 도야.

책을 권하면서 자꾸 잔소리를 하게 되지만, 넌 지금도 게임의 유혹을 절제하지 못하고 있지 않니? 네 스스로도 지금껏 수많은 결심을 하면서 게임을 하고 싶은 욕구와 싸워 왔겠지만 번번이 졌을 거야. 게임이 아니라도 살아가면서 우리는 많은 유혹과 만나게 된단다. 그것들을 절제하지 못한다면 너의 삶은 욕망이 휘두르는 대로 끌려 다니게 될 거야.

인간이 행복한 삶을 누리는 데 필요한 세 번째 덕은 긍지야. 긍지는 명예와 관련이 있단다. 긍지가 있는 사람은 스스로의 가치를 잘 파악해 남의 평판에 의존하지 않아. 남의 평판 하나하나에 민감하게 반응하면서 자존심을 내세우는 사람은 그만큼 스스로에게 자신이 없다는 거지. 긍지가 있는 사람은 자신의 철학을 지키면서 고귀한 정신을 지킬 거야. 공자가 말하듯이 '남이 나를 알아주지 않아도 실망하지 않는다'는 게 바로 이런 경우가 아닐까.

행복한 삶을 살아가는 데 중요한 네 번째 덕은 대인관계야. 아리스토텔레스는 다른 사람과 좋은 관계를 유지하는 데 필요한 중용의 덕을 우애, 진실함, 재치라고 했어. 다른 사람과 사귀면서 칭찬할 만한 것은 칭찬하고, 꾸짖을 만한 것은 꾸짖는 것이 진정한 우정이라는 거지. 상대방의 비위만 맞추다 보면 나도 모르게 아첨꾼이 되고, 반대로 바른 말을 한답시고 상대방을 지나치게 괴롭히고 무조건 반대하는 사람은 말썽쟁이로만 받아들여지겠지.

말이나 행동, 또는 주장을 어떻게 하는가도 대인관계에서 중요하단다. 진실한 사람은 행동이나 말에서 자기 자신을 그대로 나타내지. 성실하지 못한 사람의 말은 자신을 과장해서 표현하는 허풍일 거야. 반대로 겸손을 가장하는 사람도 있지. 그것은 자신을 솔직하게 표현하지 않는 태도야.

유머나 재치도 대인관계에서 중요한 요소 중의 하나란다. 지나치게 익살을 부리는 사람은 광대로 보이지만, 반대로 농담도 모르고, 남의 농담을 받아주지 못하는 사람은 대하기 껄끄럽잖아.

마지막으로 행복한 삶을 유지하는 길은 법을 지키는 정직한 태도란다. 법을 잘 지키는 태도는 사회 전체의 질서를 유지시키고 안정되게 하지. 따라서 아리스토텔레스에게 법을 잘 지키는 태도는 곧 정의이고, 법을 어기는 것은 정의롭지 못한 거야.

아리스토텔레스가 아들에게 말하는 중용은 나 스스로도 실천하기 버거운 덕목이야. 그래서 네게 권하기 전에 고민이 되기도 했단다. 말로는 누군들 못할까. 다만 일상에서 한 번 더 생각하고 균형점을 찾는 이성에 대해 생각해 보았으면 좋겠다는 바람에서 이 책을 권한단다.

성적인 욕망은
감춰야만 하는 걸까?

∶∶∶∶∶∶∶∶∶∶∶∶∶∶∶∶∶∶∶∶∶∶∶∶∶∶∶∶∶∶∶∶∶∶∶

프로이트의 《정신분석 입문》

사춘기 학생들에게 가장 큰 고민 가운데 하나는 이성과의 관계일 거야. 너만 해도 사춘기에 들어서면서 이성에 대한 관심이 초등학생 때보다 구체적으로 변한 것 같지 않니? 일생에서 성적인 관심이 가장 강한 때가 중고등학생 때라고 하잖아.

대학생들의 이성 관계는 사회적으로 공인되기 때문에 별 문제가 없어. 하지만 청소년들의 이성 문제는 사회적으로 인정받지 못하므로 욕망을 꼭꼭 숨겨야 하지. 이러한 상황은 자칫 청소년들에게 성을 죄악시하거나 아니면 반대로 반발심을 불러 일으켜 탈선의 유혹에 쉽게 빠지게 만들 수 있단다.

난 너의 '이유 없는 반항'이 이성에 대한 욕망을 공개할 수 없는 데에서 비롯된 것은 아닌지 고민했단다. 성적 욕망을 솔직하게 표현할 수 없는 심리가 기성세대에 대한 거부로 나타나는 것이라고 생각했거든.

이에 대해 너와 솔직하게 이야기를 나누고 싶었지만 아버지와 아들이 마주 앉아 성에 대해 대화한다는 게 참 쉽지가 않더구나. 우리만의 문제가 아닌 게, 상대적으로 성에 개방적이라고 알려진 미국의 부모들도 자녀들과 성에 대해서는 편하게 대화하지 못한다고 하더구나. 부모들과의 대화는 월경이나 피임 등에 대한 화제로 제한된다는 거지. 그러나 아이들이 알고 싶어 하는 것은 보다 노골적인 것이겠지?

나를 비롯한 한국의 부모들은 성이란 아이들에게 감춰야 하는 것이라는 인식을 갖고 있기 마련이란다. 가뜩이나 사춘기를 맞은 아이들이 성적인 욕망을 주체하지 못하는데, 성에 대해 일찍 알리는 것은 긁어 부스럼을 만드는 게 아닌가 하는 걱정 때문에 기피하는 거지. 그래서 너와 네 친구들은 성에 대한 정보를 부모가 아닌 인터넷이나 친구로부터 얻을 것이고 말이야.

하지만 고만고만한 아이들 사이에서 나도는 성과 관련된 이야기가 얼마나 정확할까? 어른들이 민망하다고 외면하는 사이에 너희들은 잘못된 정보를 믿고 섣부르게 행동하다가 심하면 미래까지 위협받기도 한단다.

프로이트는 의식에 대해 이렇게 말했다

나 또한 지금의 네 나이를 겪었는데 네가 무슨 고민을 하는지 왜 모르겠니. 다만 그동안 너와 성과 관련된 이야기를 꺼내기가 참 힘들었구나. 하지만 용기를 내 이렇게 고전을 권하는 것으로 너와의 대화를 시작하고자 한다.

이번에 소개할 책은 《정신분석 입문》이야. 성에 대해 솔직히 얘기하자면서 제목부터 만만치 않지? 《정신분석 입문》은 프로이트 Sigmund Freud의 대표작인 《꿈의 해석》을 알기 쉽게 설명한 책이야. 프로이트는 인간의 정신생활 대부분이 무의식적이라고 보거든. 우리가 의식하고 있는 것은 빙산의 일부분일 뿐이라는 거지. 그럼에도 우리는 의식하는 것이 정신활동의 전부라고 오해하고 있고 말이야. 그의 설명에 따르면 인간의 정신은 무의식적인 본능에 속하는 '리비도Libido', 의식에 속하는 '에고ego', 도덕적인 '슈퍼에고superego'의 삼 층으로 구성되어 있어.

꿈에 나오는 감춰진 욕망

이런 무의식의 일부가 발현되는 게 바로 꿈이라고 해. 자신이 원하는 것을 이루지 못하면 그게 꿈으로 나타난다는 거지. 그래서 현실에서 충족되지 못한 성적인 욕구도 꿈으로 나타난다고 하더구나. 특히 어린 시절에 좌절된 성적인 욕구가 꿈으로 나타난다고 해.

프로이트는 성욕이 인간의 기본적인 욕구라고 주장했어. 배가 고프면 '식욕'을 느끼는 것과 같이 '성욕'은 자연스러운 욕구라는 거야. 이처럼 성적인 욕구는 본능이기 때문에 이미 유아기부터 시작된다고 해. 아기가 어머니 젖을 빠는 것도 성욕이고, 나중에 이런 행동들이 엄지손가락 빨기나 자위행위로 이어진다는 거지. 아무것도 모르는 것 같은 천진한 아기에게도 성욕이 있다는 주장이 꽤 파격적이지?

빅뱅과 같은 사춘기의 성

프로이트의 주장에 따르면 이러한 성적 욕구는 사춘기 때 가장 강하게 나타난다고 해. 이때 성적 욕구의 발달이 정상적으로 이루어지지 않으면 성의 퇴화나 성 고착으로 굳어지고 말이야. 유아기의 성행위를 되풀이한다는 거지.

성적 욕구가 제대로 발달되지 못하는 중요한 요인은 도덕적 죄책감이야. 프로이트는 성욕을 드러내 표현하지 못하는 사회의 윤

리 의식이 갈등을 일으키고 잘 못하면 정신적 질환까지 불러온다
고 보거든.

프로이트는 아버지와 아들 사이나 형제간의 불화도 성적 욕구
의 변형이라고 보더구나. 가족간의 불화야 어디에서나 볼 수 있는
현상인데, 유아기부터 엄마와 아빠 한 쪽에 대한 연정과 다른 한 쪽
에 대한 증오가 시작된다는 거야.

오이디푸스 콤플렉스가 대표적인 사례인데, 사내아이가 어머
니에게 인생 최초의 성적 욕망을 품고, 어머니의 남자인 아버지에
게 최초의 증오심을 퍼붓는 것을 가리켜 오이디푸스 콤플렉스라고
해. 그리스 신화에서 아버지 라이오스를 죽이고 어머니 요카스테
를 아내로 삼은 오이디푸스 왕의 이야기는 유년 시절에 무의식적
으로 품었던 성적 소망을 상징하는 신화라는 거지.

우리, 서로에게 솔직해지자

우리 안의 숨겨진 무의식과 마주하도록 인도하는 이 책을 읽고 나
면 이런 의문도 들 거야. '성욕이 그동안 배워왔던 것처럼 못된 욕
심이기만 한 것일까?'

우리 사회에서 성욕을 표현하는 것은 미적으로 불쾌한 것이자,

도덕적으로 비난 받아야 하는 태도야. 그러나 지금도 텔레비전을 켜면 나오는 네 나이 또래 가수들의 아찔한 복장이나 현란한 몸짓을 보면 참 이중적인 잣대 같지?

프로이트는 정신질환 환자를 치료하는 길은 환자와 의사가 솔직한 대화를 주고받는 것이라고 하더구나. 환자가 자신의 감정을 솔직하게 털어 놓으면 의사는 그 이야기를 진지하게 들어주고 진상을 해명해 주면서 환자의 반응을 면밀하게 관찰한다는 거지.

우리의 대화가 만족스럽지 못했다면 아마도 너의 이야기를 듣기보다는 너에게 유익한 이야기를 해야겠다는 나의 욕심이 앞섰기 때문일 거야. 프로이트가 제안한 관계처럼 너를 이해하기 위해서는 너의 이야기를 있는 그대로 들어주고 공감하는 태도가 우선되어야 하겠지. 그건 너도 마찬가지일 거야.

우리, 서로에게 솔직해지자.

사랑은 때로 상처를
각오해야 한다

∙∙

괴테의 《젊은 베르테르의 슬픔》

너희들이 사랑을 너무 쉽게 생각하는 게 아닌가 하는 노파심이 들 때가 있단다. 사랑이라는 것에 지나치게 많은 의미를 부여하던 때와 비교하면 차라리 그게 낫겠다 싶기도 하지만, 그래도 사랑이 가벼운 것만은 아니라고 생각하기 때문이야.

너희들은 이성 교제를 원하지만 어떻게 시작해야 할지 잘 모를 거야. 그리고 어렵게 용기를 내 시작된 사랑은 걷잡을 수 없는 폭풍으로 변하기도 쉽지. 어른들이 너희들의 교제를 걱정스러워 하는 까닭은, 자신들 또한 그런 격정의 시기를 겪었기 때문이란다.

너희들이 격렬한 사랑에 빠졌다가 크게 다치고 후회할 기회마저 어른들이 박탈하는 것은 옳지 않지만, 사랑에 대한 어떤 상처와 후회는 돌이킬 수 없기도 하거든.

모든 사랑에는 시작과 끝이 있다

대문호 괴테Johann Wolfgang von Goethe가 쓴 《젊은 베르테르의 슬픔》은 그런 격정적인 사랑의 기쁨과 슬픔을 섬세하게 묘사한 소설이야. 사랑에 빠지게 되면서 느끼는 기쁨, 사랑을 잃게 되면서 느끼는 고독감과 좌절감에 대해 사랑을 해 본 사람이라면 누구나 공감할 수밖에 없을 정도로 절절하게 그리고 있지.

사랑하면 상대의 모든 것이 아름답게 느껴진단다. 그리고 무엇이든지 할 수 있을 것 같다는 자신감으로 벅차오르게 돼. 세상을 모두 얻은 것 같고 그동안 무덤덤하게 봤던 세상 모든 게 아름다워 보이지. 이렇게 사람을 긍정적으로 변화시킨다는 점에서 '사랑의 묘약'이라는 말은 과장이 아닐 거야. 사랑에 빠진 베르테르는 이렇게 말하고 있어.

그 영혼과 접촉하면 나는 모든 것이 가능한 것이 될 수 있었기 때문에, 실제의 나 자신보다도 더 위대한 것처럼 느꼈다. 정말로 그 당시 나에게 발휘되지 않고 그냥 남아 있던 힘이 하나라도 내 영혼에 있었던가? 그녀와 마주하고 있노라면 내 마음은 온통 신비로운 느낌으로 넘쳐 흘러 그것으로써 대자연을 휘감을 수 있지 않았던가.

그러나 베르테르의 사랑 가운데 가장 인상적인 장면은 이 세상을 모두 얻은 것 같은 사랑의 달콤함에서 이룰 수 없는 사랑에 대한 상실감으로 곤두박질치는 부분일 거야. 베르테르는 실연의 아픔을 친구 빌헬름에게 다음과 같이 고백하더구나.

나는 멍청하니 하릴없이 지낼 수도 없고 그렇다고 어떤 일이 손에 잡히지도 않는다. 내게는 공상도 없어졌고, 자연을 사랑하는 정서도 사라졌으니, 이제 책은 보기만 해도 구역질이 난다.

그리고 슬픔을 달래기 위해 세상을 비관적으로 보기 시작하지. 과격한 언행으로 주위로부터 따돌림을 당하고, 아무도 자신을 사랑하지 않는다고 좌절하기도 해. 베르테르는 결국 자살로 생을 마치고 만단다. 소설이 나오고 나서는 유럽의 수많은 젊은이들이 베르테르를 따라 극단적인 선택을 했다고 해. 그래서 유명인이 자살한 소식을 듣고 그와 자신을 동일시해 따라하듯이 스스로 목숨을 끊는 이들이 연이어 나타나는 현상을 가리켜 '베르테르 효과'라고 부른단다.

삶이 계속된다면 다시 사랑할 수 있다

이별을 겪고 나면 사랑을 하면서 찬란하게 빛나던 세상이 암흑의 천지로 변하게 되고 모든 게 다 무너진 것 같게 돼. 반드시 내가 사랑하는 그 사람이어야만 하고, 그 사람이 아니면 죽을 것 같은 감정이 들 수밖에 없을 거야.

너 또한 언젠가는, 어쩌면 내게 말을 하지 않았을 뿐 지금 누군가를 사랑하고 있을지도 모르겠구나. 그 만남이 어떤 결과가 되었든 네가 감당하지 못하겠거든 기꺼이 주변 사람들에게 짐을 나눠 주었으면 한다.

우리는 달콤한 얘기만 들려주는 매스컴에 쉼 없이 노출되면서 사랑에 대해 환상을 가지기 쉽기 마련이야. 그러나 영화는 멋진 주인공들이 석양을 배경으로 뜨겁게 키스하는 해피엔딩으로 끝나지만, 우리들의 삶은 그 후로도 계속된단다. 헤어짐을 전제로 누군가를 만난다는 것은 슬픈 일일 거야. 하지만 실연 또한 누구나 겪는 사랑의 과정이라는 것을 알았으면 좋겠구나. 세상이 무너지는 것 같아도, 삶이 계속된다면 사랑은 다시 찾아오기 마련이란다.

진정한 사랑이란
무엇일까?

:::

에리히 프롬의 《사랑의 기술》

너도 누군가를 몰래 좋아한 경험이 있을 거야. 짝사랑이라는 건 상대방의 동의 없이도 얼마든지 가능하니까 말이야. 나 또한 학창 시절에 짝사랑의 경험이 있었단다. 지금 생각해 보면 그 아이의 어디가 그렇게 좋았기에 잘 알지도 못하면서 가슴앓이를 했을까 싶구나. 너는 그 아이의 어디가 그렇게 좋았니? 얼굴이 고와서? 아니면 마음씨가 예뻐서? 아마 너나 네 친구들 대부분은 '그냥 그 아이가 매력적이어서'라고 대답하겠지.

하지만 매력적이라는 것은 소유욕을 자극하는 것, 결국에는 성적인 매력이 아닐까. 사내아이들만 그런 게 아니라 소녀들 또한 누군가를 좋아하는 이유는 모두 비슷할 거야.

누군가를 보고 첫눈에 반해 사랑에 빠지게 되는 순간은 일생에서 가장 달콤한 시간일 거야. 그런데 이런 반응은 대체로 상대의 외형에서 풍겨 나오는 성적 매력에 의해서 시작된다고 할 수 있지. 그래서 이러한 형태의 감정은 오래 지속될 수 없다고들 해. 최근의 연구에 의하면 상대에게 성적인 매력을 느끼는 호르몬 분비의 '유통기한'은 길어야 3년을 넘길 수가 없다고 하더구나. 이러한 사랑은 상대방에게 익숙해지면서 점점 무뎌지고 이전에는 보이지 않던 상대방에 대한 실망으로 발전하기 마련이지.

사랑을 이해하는 사람만이
사랑할 수 있다

지금부터 소개하는 책은 바로 대학자 에리히 프롬Erich Seligmann Fromm의 사랑에 대한 깊은 성찰이 담겨 있는 《사랑의 기술》이야. 이 책에서 에리히 프롬은 현대인들이 결혼 생활을 포함해 사랑의 행복을 성적인 만족에서만 찾는다고 진단하더구나.

그러나 에리히 프롬에게 사랑이란 누군가에게 빠지는 자연적인 본능이 아니라 그와 함께하는 관계에 참여하려는 선택이자, 그 관계에 대해 책임을 지는 실천이야. 따라서 에리히 프롬은 사랑에도 기술이 필요하다고 본단다. 여기서 말하는 '사랑의 기술'이란 성적인 기교가 아니라 누군가를 사랑하는 상황과 관계에 대한 이해야. 그래서 에리히 프롬은 사랑의 실패를 극복하는 길은 사랑이 무엇인지를 깨닫고 사랑하는 사람을 이해하는 것이라고 하지.

우리가 사랑을 하게 되는 까닭은 외로워서야. 《성경》에서도 아담과 이브는 원래 한몸이었다고 하잖아. 네가 좋아하는 《드래곤 라자》에도 '인간은 단수가 아니다'라는 말이 나오지. 사람은 혼자서는 살 수 없어. 우리가 사랑하고 가족을 이루며 무리를 만드는 까닭은 이 때문이란다. 따라서 우리는 관계를 잘 이어가기 위해 '한몸'이나 다름없는 타인을 내 몸처럼 존중하고 배려해야 할 거야.

그래서 사랑이란 것은 한 사람과의 성적인 관계만으로 한정되지 않는단다. 어떤 사람이 다른 한 사람만을 사랑하고 스스로를 포함해 나머지 사람들에게는 무관심하다면 그의 사랑은 그저 성적인 욕망이나 이기주의가 잠시 사랑과 비슷한 모습을 취한 것일 뿐일 테니 말이다.

어떻게 하면 이성친구와 잘 어울릴 수 있을지에 대한 조언인 줄 알았는데 이야기가 꽤 멀리 나갔지? 하지만 누군가에게 '당신을 사랑한다'고 말하기 위해서는 '나는 당신을 통해 당신이 사랑하는 것을 사랑한다'고 말할 수 있어야 한다는 에리히 프롬의 조언에 대해 깊이 생각해 보았으면 한단다.

지금 네가 불안한 것은
잘 해내고 있다는 증거이다

∴∴∴∴∴∴∴∴∴∴∴∴∴∴∴∴∴∴∴∴∴∴∴∴∴∴∴∴∴

장자의 《장자》

사춘기 학생들이 성적을 비관해 극단적인 선택을 하는 것은 아빠가 청소년이었을 때도 종종 있었던 비극이지만 요즘 들어 부쩍 늘어난 것 같구나. 인터넷과 매스컴의 발달로 예전에는 아는 사람들만 알고 넘어갔던 사건들을 쉽게 접하는 데서 오는 착시현상일까?

그것만은 아닌 것 같아. 너와 네 친구들은 그 어느 세대보다 치열한 경쟁 구도에 놓여 있거든. 어려서부터 경쟁을 몸에 익힌 너희들이 받는 압박감이 어느 정도인지는 쉽게 짐작하지 못하겠구나. 이런 부작용을 줄이기 위해 상대평가 대신 절대평가를 함께 쓰기도 하지만 경쟁 구도가 존재하는 한 문제가 사라지지는 않겠지.

그런 네게 해줄 수 있는 것은 압박감을 조금이나마 해소할 수 있는 책을 권하는 것뿐이구나. 내가 너만 했을 때 시험을 앞두고 머리가 복잡해지면《장자》를 집곤 했단다. '자유'를 외치는《장자》를 읽으면 시험의 스트레스가 조금이나마 가라앉는 것 같았거든.

감히 누구도 옭아매지 못하는 자유

장자#7는 어디에도 얽매이는 게 싫어서 가난하게 살지언정 평생 벼슬길에 나서지 않았단다. 벼슬살이를 가리켜 '멍에를 메고 일터로 끌려가는 소'에 비유했을 정도였어. 우리의 삶에도 적용되는 지적인 것 같지 않니? 네가 시험공부를 하는 건 이름 있는 상급학교로 진학하기 위해서일 텐데, 그 상급학교로 진학하는 이유란 결국 좋은 직장에 취업하기 위해서잖니. 하지만 좋은 직장에 들어가도 결국에는 소처럼 남에게 매여 죽도록 일만 하다가 '팽'을 당하기 마련이지. 여기까지 생각이 미치면 공부는 왜 하나 싶기도 할 거야.

　장자는 우주적인 관점에서 보면 인간의 삶은 아주 작은 순간에 불과하다고 말한다. 그래서 작은 일에 얽매이지 말고 자유롭게 살려면 눈을 크게 뜨고 멀리 보라고 하더구나. 여기서 비유로 든 것이 저 유명한 붕새야. "곤의 크기는 등의 길이가 몇 천 리가 되는지 모르고, 곤이 변해 붕새가 되는데 마찬가지로 등의 길이가 몇 천 리나 된다. 붕새가 하늘로 솟구치면 날개가 마치 하늘을 드리운 구름처럼 된다"는 거지. 우주를 나는 저 거대한 붕을 누가 감히 옭아맬 수 있을까.

　네가 시험성적표를 내밀 때마다 안타까울 때가 많았단다. 그건 기대치에 못 미친 네 성적 때문만은 아니야. 죄인처럼 고개를 숙인 너의 모습을 보면서 내 욕심으로 너에게 맞지도 않는 공부를 강요한 것은 아닐까 하는 의심이 들었거든.

너와 나는 다르기에 모두 옳다

장자는 사물의 본성이 각기 다르기 때문에, 사물이 모두 같을 필요가 없고 강제로 같게 해서도 안 된다고 본다. 그래서 장자는 "물오리 다리가 짧다고 해서 늘인다면 물오리는 괴로울 것이요, 학 다리가 길다고 절단한다면 학은 슬퍼할 것"이라고 말하지. 천성적으로 긴 것은 절단할 일이 아니고, 천성적으로 짧은 것은 늘릴 일이 아니야. 각자의 개성을 있는 그대로 인정해 주어야 한다는 거지. 사람 또한 본성이 각기 다르게 태어났기 때문에 자신의 본성을 살려서 살아가야 한다는 게 장자의 주장이란다. 장자에게 세상일이란 모두 상대적인 것이었어.

사람은 습한 곳에서 자면 요통으로 반신불수가 되지만, 미꾸라지
도 그런가? 사람은 나무 위에서 살면 현기증이 나지만, 원숭이도
그렇던가? 모장과 여희는 사람들이 좋아하는 미인이지만, 물고기
가 보면 깊이 숨고, 새가 보면 높이 날아가고, 사슴이 보면 힘껏 달
아난다.

상대적인 관점에서 세상을 볼 수 있다면 세속적인 명예와 공리
에 연연하지 않게 된다는 거야. 세상의 명예란 그림자에 지나지 않
으니, 부와 명예를 하찮은 것으로 볼 수 있다면 자유롭고 행복한 삶
을 살 수 있다는 게 장자의 생각인 거지.

장자는 인간이 각기 상이한 개성을 갖고 태어났기 때문에 도덕
과 윤리의 사슬로 구속해서는 안 된다고 주장해. 자신의 개성을 살
려서 자유롭게 살아가다 보면 도에 이른다는 거야. 2012년 런던
장애인 올림픽 개막식에서 스티븐 호킹 박사도 이렇게 연설했지.

인간은 모두 다릅니다. 이 세상에 표준적인 인간이란 존재하지 않
습니다. 인간에게 한계가 없다는 것보다 더 특별한 일이 어디 있을
까요? 누구에게나 가능성은 열려 있습니다. 삶이 아무리 힘들더라
도 사람은 모두 자신만의 특별한 성취를 이뤄낼 힘이 있습니다. 그
러므로 발밑을 내려다보지 말고 별을 올려다보십시오.

세상만사 모두가 자연의 이치일 뿐

장자는 아내가 죽자 '동이를 두드리면서 노래를 불렀다'고 한다. 친구인 혜자惠子가 보고 어떻게 그럴 수가 있느냐고 비난하니까 이렇게 답했다지.

> 아내가 죽었을 때 나라고 왜 슬프지 않았겠는가? 그러나 곰곰 생각해보니 태초에 아내는 생生이 없었고, 생이 없었을 뿐더러 형체도 없었고, 형체가 없었을 뿐더러 기氣도 없었네. 그러다가 혼돈 가운데 기가 생겼고, 형체가 변해 생명이 생겼다가, 이제 다시 죽음으로 돌아 간 것인즉, 춘하추동 사계절의 운행과 같은 자연의 이치가 아니겠는가?

죽고 사는 것은 자연의 이치이기 때문에 이를 맞아 비통해 하는 것은 자연의 이치를 거역하고 인간의 슬픔만 배가시키는 것이라고 말하고 있는 거야. "천지는 나와 더불어 같이 사는 것이고 만물은 나와 더불어 하나[天地與我同根 萬物與我同體]"라는 거지. 따라서 장자는 사람들이 자연과 더불어 행복하게 살면서 자연과 완전히 하나가 되어 살아야 한다고 봐. 그렇게 된다면 세상사에 얽매이지 않게 되겠지.

나를 괴롭히는 문제에서 벗어나기

너무 거대한 이야기를 꺼내 힘겨운 일상을 하찮게 만드는 것은 아니냐는 질문을 할 수 있겠구나. 하지만 필요 이상으로 골칫거리들 안에 파묻혀 숨 막혀 하는 것은 아닌가 하는 생각이 들 때에는 장자의 조언이 많은 도움이 될 듯싶다. 가만히 앉아서 나를 괴롭히는 문제들을 들여다보는 것만으로도 위로를 받을 수 있거든.

장자 또한 '좌망'과 '심재'를 얘기하고 있어. 좌망이란 조용히 앉아서 우리를 구속하는 일체의 것들을 잊어버리는 것이고 심재는 마음을 비워서 깨끗이 하는 것이지.

춘원 이광수는 때때로 어린 아들을 데리고 산사에 가서 참선을 했다고 하더구나. 장차 아들이 삶을 힘겨워할 때를 생각해 '자유'를 찾는 방법을 가르쳐 준 거지. 춘원의 어버이로서의 마음씀씀이가 절절하게 느껴지는구나.

3장

지혜란 내가 모른다는 것을 아는 것이다

보다 많은 것을 배우려는 너에게

인류는 '과학적인 사고'를
어떻게 발전시켰을까?

:::

네가 초등학교 6학년이었을 때를 기억할지 모르겠구나. 넌 그때 '왜'를 입에 달고 지냈었지. 무엇인가를 받아들일 때 의문을 가진다는 것은 단순히 사실을 기억하는 데 그치는 게 아니라 논리적으로 생각하기 시작했다는 거야. 그래서인지 그때부터 생각할 거리를 던져주는 책에 관심을 갖기 시작하더구나.

이제부터 소개할 책들은 그때부터 네가 품고 있는 '왜'라는 질문에 답할 수 있는 철학책들이야. 철학은 우리가 누구이며, 어디에서부터 왔고, 무엇을 위해 살며, 어디로 가는지에 대해 인류가 지금까지 고민해 온 논리적인 사고의 결과란다.

'왜'에 대해 주고받기

그래서 철학 고전을 읽을 때는 무엇보다 '왜'를 묻고 답하는 사고의 과정을 연습하는 게 중요하단다. 글을 읽으면서 질문들이 떠오르지 않는다면 책장을 넘겼던 것일 뿐이야.

플라톤의 《국가》 가운데 '정의란 무엇인가'는 바로 '왜'를 묻고 답하는 과정을 책으로 옮긴 거야. 토론은 다음과 같이 진행돼.

트라시마코스　정의란 강자의 이득입니다. 지배계층이 자신들에게 유리하게 법을 만들어서 약자에게 강요하기 때문이지요.

소크라테스　지배자는 지배를 받는 이들의 이득을 위해서 존재합니다. 병원을 보세요. 의술은 의사 자신의 수익을 위해서라기보다는 환자의 병을 치료하기 위해 존재하는 것이지요.

트라시마코스　목동은 소를 키우기 위해서 존재하는 것일까요? 목동이 소를 살찌우는 건 결국 자신의 이득을 위해서인 것이지요.

소크라테스　경제적인 대가 또한 무시할 수 없지만, 의사가 환자를 치료하고 돈을 버는 것은 수단이지 목적이 아닙니다. 건축가 또한 집을 짓는 것이 먼저이고 품삯을 받는 것은 그 다음이지요.

동양 고전 중에서는 《논어》, 《맹자》 등이 토론을 통해 결론에 도달하는 논리적인 사고 과정이 어떤지를 잘 보여주고 있어. 문답식이기 때문에 철학자들의 책이라고 하면 어려울 것 같다는 선입견과는 다르게 친절하고 재미있단다.

누구나 알아야 하는 기본 교양

초등학교 고학년 때는 자연 현상에 대한 관심이나 흥미도 일생에서 가장 강한 때란다. 그리고 자연 현상에 대한 관심은 자연의 이치에 대해서 '왜'를 묻는 질문으로 이어지기 마련이지. '왜' 하늘이 낮에는 파랗다가 밤에는 어두워지는지, '왜' 해는 동쪽에서 떠서 서쪽으로 지는지, '왜' 가을이면 나뭇잎이 빨갛게 물드는지 등 자연 현상에 대한 질문은 끝이 없어. 그리고 그것은 결국 나중에 위대한 과학적 발견으로 완성된단다. 뉴턴Isaac Newton도 어릴 때 끊임없이 "왜"를 물었다고 해.

너도 초등학생 땐 과학 책을 무척 좋아했었지. 그때 네 장래희망도 물리학자였고 말이다. 하지만 나이를 한 살, 두 살 먹을수록 과학에 대한 관심이 점점 시들해지는 것 같더구나.

현대 사회에서 과학은 모든 사람들의 기본 교양이란다. 책이 마음의 양식이라면 편식은 정신 건강에 도움이 되지 않을 거야. 과학 고전은 지금 우리가 살고 있는 이 세상이 어떻게 이루어졌는지에 대해 이해하고, 또 과학적으로 생각하는 능력을 기르는 데 도움을 준단다. 그리고 정치, 경제, 문화 등 어떤 분야로 진출하더라도 과학 고전을 통해 훈련된 사고력이 긴요하게 쓰일 거야.

'공자님의 말씀'이
지금에서도 여전히 통할까?

∶∶∶∶∶∶∶∶∶∶∶∶∶∶∶∶∶∶∶∶∶∶∶∶∶∶∶∶∶∶∶∶

공자의 《논어》

《논어》는 쉽게 이해할 수 없는 책이야. 그래서 하루에 한 구절씩 읽으면서 생각하고, 또 생각하며 의미를 따져 보아야 하지. 인생을 오래 살아본 사람만이 이해할 수 있는 어려운 내용이 많이 있거든.

이 책에서 공자는 묻고 답하는 대화 형식으로 제자들을 깨우쳐 주고 있어. 너도 책을 읽을 때 막히는 부분이 있으면 내게 적극적으로 물어보았으면 한단다. 혼자 읽으면 책에 담긴 의미를 온전히 이해하기가 쉽지 않기 때문이야.

최근에 내가 가르쳤던 학생에게 이런 말을 들었단다. "아직 젊은 제가 이런 말을 하는 게 주제넘을지도 모르겠지만, 살면서 문득 선생님께 추천받았던 《논어》나 《맹자》, 《채근담》에 담긴 이야기들이 떠오를 때가 있어요. 읽었을 땐 당연하고 뻔한 이야기라고 무시했었는데 말이에요."

허남진 서울대 철학과 교수도 이와 비슷한 말을 했단다.

《논어》는 간결한 대화체 형식으로 되어 있고, 그 내용도 너무 평범하다 싶을 정도로 쉽다. 그렇지만 찬찬히 읽고 나서 한참 있다가 다시 생각해 보면 '아, 그런 뜻이었구나!'하고 감탄하게 되는 책, 이런 책이 정말 고전이라 할 만한데《논어》가 그 가운데 하나임에 틀림없다.

나 또한 20대 때《논어》를 읽고 마음을 다스렸단다. 나를 알아주지 않는 사회에 대한 울분으로 방황하던 시절이었어. 그런데《논어》를 읽어 보니 공자는 "사람들이 알아주지 않더라도 서운해 하지 않아야 군자다"라고 말하더구나. 또 "남이 자기를 알아주지 않을까 걱정하지 말고, 내가 남의 능력을 알아보지 못할까 걱정하라"는 말도 했지.

나는 이 구절들을 읽으면서 스스로를 돌아보고 질책하는 교훈으로 삼았단다. 마치 공자가 시공을 넘어 나의 비겁함을 꾸짖는 것 같았거든. 아마 이때부터 '내 탓이요'라고 말할 수 있었고, 스스로에 대한 책임감이 생겼던 것 같아.

진정으로 안다는 것

《논어》에서 내게 가장 큰 가르침이 된 구절은 '아는 것을 안다고 하고, 모르는 것을 모른다고 하는 것이 진정으로 아는 것이다'라는 부분이야. 당연한 말을 새삼스럽게 되새김질한다고 생각할지도 모르겠구나. 공자의 말을 더 들어볼까?

> "유야, 내가 너에게 아는 것이 무엇인지 알려주마. 아는 것을 안다고 하고 모르는 것을 모른다고 하는 것이 바로 아는 것이다."
>
> "능하면서도 능하지 못한 이에게 묻고, 학식이 많으면서도 학식이 적은 이에게 물으며, 있어도 없는 것처럼 하고, 꽉 차도 빈 것처럼 하며, 타인이 덤벼도 일일이 따지지 않는 것, 지난날 나의 벗 가운데 이런 사람이 있었다."
>
> "배움에 있어서는 아직 미치지 못한 듯이 할 뿐만 아니라, 나아가 오히려 배운 것을 잃어버릴까 두려워해야 한다."

'안다는 것이 무엇인가'를 알고 있는 사람만이 할 수 있는 말들이야. 역사에 큰 족적을 남긴 학자들도 공자와 비슷한 말을 했단다. 뉴턴은 "내가 아는 것은 바닷가에서 조가비 하나를 주운 것에 불과하다"고 했고, 아이슈타인도 "나의 과학적 발견은 신의 축복일 뿐"

이라고 말했어. 플라톤 또한 "지혜가 있다는 것은 자신이 모르고 있는 것이 얼마나 많은지를 알고 있는 것이다"라고 말했지. 공부하는 사람에게 이보다 더 귀중한 교훈이 있을까?

정직하다는 것

너의 이야기를 가만히 듣다 보면 친구들을 이유 없이 낮춰 보거나 별 것 아닌 논쟁에 시간과 마음을 크게 뺏기는 경우가 종종 있더구나. 지금 네 나이 때는 남보다 우월하다는 자신감이 강할 거야. 공자는 '말로 상대방을 이기려는 사람은 어리석은 사람이다'라고 이야기하고 있어. 마주하는 상대방을 존중한다면, 말다툼을 벌이면서 상대방의 가슴에 상처를 내는 데 몰두하다 상대방과 자신 모두를 상하게 하는 일이 많이 줄어들 것이란다. 이렇게 삼가고 어질게 행동하는 태도도 일종의 '인仁'이 아닐까.

《논어》는 공자와 제자들과의 대화로 되어 있기 때문에 글이 체계적으로 서술되어 있지는 않아. 품은 뜻도 어렵지만 이런 구성 때문에 내용을 한눈에 파악하기가 쉽지 않을 거야.

공자가 《논어》에서 말하고자 했던 핵심은 결국 '인'이란다. 인이란 무엇인가, 인을 실천하는 방법은 무엇인가, 인을 실천하는 사람은 어떤 사람인가 등이지.

공자에게 인이란 "인간이 태어날 때부터 가지고 나온 정직한 마음"이야. 맹자는 이 말을 성선설로 표현하지. 공자는 정직에 대해 "안으로 자신을 속이지 않고 밖으로 남을 기만하지 않으며, 옳고 그름을 사실 그대로 나타내는 것"이라고 하고 있어. 즉 인이란 사람이 타고난 정직한 마음이야. 공자는 말이나 행동을 꾸미는 '교언영색巧言令色'을 가장 싫어했어. 섭공과 공자의 대화를 살펴볼까?

섭공   우리 고장에 정직을 몸소 실천한 사람이 있는데, 아버지가 양을 훔치자 아들이면서도 그 사실을 일러바쳤습니다.

공자   저희 고장의 정직한 사람은 그와 다릅니다. 아버지는 자식을 감싸주고 자식은 아버지를 감싸줍니다. 정직은 바로 그 가운데 있다고 봅니다.

공자에게 정직이란 마음속에서 우러나오는 순수한 거야. 아버지가 남의 양을 훔쳤더라도 그 허물을 덮어주고 싶은 게 가족의 자연스러운 감정이지 않을까? 따라서 자신의 아버지에게 엄하게 죄를 묻는 데에는 자신의 정직함을 과시하려는 의도가 숨어 있기 때문에 진정으로 정직한 사람이라고는 볼 수 없다는 거지.

예의를 안다는 것

공자는 인을 실천하기 위해서는 '예禮'에 따라 행동해야 한다고 말하더구나. 인간의 정직한 본성 또한 배우고 예로서 닦지 않으면 흐려지기 때문에, 사회적인 도덕규범을 익혀야 한다는 거야. 공자는 '사심을 극복하고 예를 실천하는 것[克己復禮]이 인이다'라고 했어. 이러한 공자의 철학은 나중에 삼강오륜三綱五倫으로 구체화되어 동아시아 전 지역의 생활규범이 되었단다.

우리는 고루한 얘기를 가리켜 '공자님 말씀' 같다고 하지만 공자의 이와 같은 가르침은 지금을 살아가는 여러 사람들에게 여전히 필요한 듯하구나.

문 밖을 나서면 귀한 손님을 접견하듯이 하고, 백성을 사역할 때에는 지성으로 하라. 그리고 자기가 싫어하는 것은 백성에게 강요하지 말라. 그러면 온 나라 어디서든지 원망이 없고 지역 사회 어디서든지 원망이 없을 것이다.

사람은 왜 착하게
살아야 한다는 걸까?

: :

맹자의 《맹자》

얼마 전 뉴스에서 끔찍한 범죄를 다룬 소식을 함께 봤을 때 넌 '성
선설性善說을 믿지 못하겠다'라고 했었지. 그 성선설을 주장한 대표
적인 인물이 지금부터 얘기할 맹자야.

　맹자孟子는 《맹자》에서 인간이 선천적으로 선하다는 전제를 하
고 이야기를 시작해. 맹자의 이러한 사상은 《중용》에 나오는 '천명
지위성天命之謂性'을 바탕으로 하는 거야. 이처럼 사람은 누구나 선한
마음을 바탕에 깔고 있기 때문에 정치는 백성이 중심이 되는 '왕도
정치'가 되어야 하고, 경제는 복지 혜택이 백성에게 골고루 나누어
지도록 해야 하며, 사회에서는 누구에게나 효가 실천되도록 하자
는 게 성선설의 핵심이야.

세상에 악한 사람이란 없다

누구나 아이가 우물에 빠질 위급한 상황에 처한 것을 보면 우선 구하려고 할 거야. 그런 마음은 칭찬이나 보상을 받기 위해서가 아니야. 단지 아이가 불쌍하다고 느끼는 '측은지심惻隱之心' 때문이지. 이와 같이 사람은 누구나 측은지심을 비롯해 불의를 꺼리고 남을 존중하며 옳고그름을 가리는 수오지심羞惡之心, 공경지심恭敬之心, 시비지심是非之心을 가지고 태어나. 이것이 맹자가 얘기하는 인간이 본래부터 지니고 있는 네 가지 착한 성품, 즉 사단四端이야.

고자告子는 맹자의 성선설에 대해 "물길에 따라서 물이 동으로도 흘러가고 서로도 흘러가듯이 인간의 본성은 정해진 것이 아니고 환경에 따라서 변하는 것"이라고 비판했어. 이에 대해 맹자는 이렇게 얘기했지.

물은 진실로 동서의 구분이 없습니다. 그러나 상하의 구별도 없을까요? 사람의 본성이 선하다는 것은 물이 아래로만 흘러가는 것과 같습니다. 만약 물길을 막아서 거슬러 올라가게 하면 산 위에 도달할 수도 있을 겁니다. 그러나 이것이 어찌 물의 본성이겠습니까. 외부적인 힘이 억지로 그렇게 만든 겁니다. 사람이 악한 일을 행하는 것도 본성이 외부에 영향을 받았기 때문인 것이지요.

선한 사람에게는 적이 생기지 않는다

그렇다면 인간의 선한 마음을 어떻게 사회에 적용할까? 여기서 맹자는 '왕도정치'를 주장해. 양나라의 혜왕이 국가에 이득이 되는 정치가 무엇인가를 물었을 때 맹자는 "이익을 위한 정치가 아니라 인의의 정치를 하라"고 답한단다. 모두가 자신의 이익만을 좇다 보면 서로 빼앗지 않고는 못 견딜 것이고, 결국 갈등과 투쟁만이 생길 뿐이라는 거지. 맹자는 이러한 싸움을 막기 위해 백성을 사랑하는 인의의 정치를 해야 한다고 주장해. 시공을 넘어 1600년대 영국의 사상가인 토마스 홉스Thomas Hobbes가 정치를 '만인 대 만인'의 투쟁이라고 본 것과 비슷하지?

맹자의 말을 이어서 들어볼까?

전쟁이 시작되었는데 어떤 자는 100보를 달아난 뒤에 멈춰 서고, 어떤 자는 50보를 달아난 뒤에 멈춰 섰습니다. 하지만 50보를 달아난 자가 100보를 달아난 자를 비웃을 수가 있습니까? 사람이 먹을 양식을 개, 돼지가 먹어도 단속할 줄 모르고, 길에 굶어 죽는 자들이 있을 때 '내 탓이 아니고 흉년 탓이다'라고 하신다면, 사람을 칼로 찔러 죽이고서 '내가 그런 것이 아니라 칼이 그런 것이다'라고 말하는 것과 무엇이 다르겠습니까?

맹자는 '50보 100보'의 비유를 통해 백성의 고통을 보살피지 않고 국가의 이익만을 좇는 '패도정치'를 비판한 거야. 그리고 패도정치 대신 인의의 정치가 필요하다고 주장하지.

> 왕께서 만일 백성에게 인정을 베푸셔서 형벌을 가볍게 하고 세금을 적게 거둔다면 백성들은 깊이 밭 갈고 김매는 한편, 장정들은 일 없는 날에 효·제·충·신을 닦아 집에 들어가서는 부형을 섬기고 밖에 나가서는 어른과 윗사람을 섬길 것입니다. 그러면 몽둥이를 들고도 진나라와 초나라의 견고한 갑옷과 날카로운 병기를 물리칠 수 있습니다. 그러므로 인자仁者는 무적입니다.

인자무적仁者無敵, 백성을 사랑하는 '인'의 정치를 행하면 대적할 자가 아무도 없다는 거야.

대장부에게는 거칠 것이 없다

그밖에도《맹자》를 읽다 보면 많은 이야기가 나오지만 그중에서도 네게 대장부의 삶에 대해 얘기한 부분을 들려주고 싶구나. 맹자는 대장부에 대해 다음과 같이 이야기했더구나.

천하의 넓은 집에 거하고 바른 자리에 서며 천하의 대도를 행하되, 뜻을 얻으면 백성과 함께 도道를 행하고, 뜻을 얻지 못하면 홀로 그 도를 행한다. 그럼으로써 부귀가 마음을 방탕하게 하지 못하고 빈천이 절개를 꺾지 못하며 위무가 지조를 굽히지 못하는 것, 이를 대장부라 이르는 것이다.

이것을 '호연지기浩然之氣'라고 해. 우리는 살면서 어떤 선택을 해야 하는 갈림길과 마주칠 때가 종종 있단다. 그때마다 우리는 가장 편한 쪽과 타협하는 것을 선택하지. 나 또한 그럴 때가 많았구나. 하지만 비겁한 선택을 하고 나면 언제나 스스로에 대한 부끄러움 때문에 깊은 후회가 들더구나. 어떤 환경에서도 인의의 도를 굽히지 않고 사는 '대장부'가 되기는 결코 쉽지는 않을 거야. 그래도 그 뜻을 항상 잊지 않는다면 어떤 갈림길을 만나더라도 스스로에게 떳떳한 선택을 하려고 노력하지 않을까.

사람은 왜
교육을 받아야 하는 걸까?

:::

순자의 《순자》

성선설에 대해 얘기했으니 이번에는 성악설性惡說에 대해 말할 차례
구나. 순자苟子에 대해서는 맹자의 성선설과 반대되는 성악설을 주
장했다는 것 정도만 알고 있는 경우가 많을 거야. 나에게도 순자는
공자나 맹자만큼 익숙한 이름은 아니구나. 하지만 나중에《순자》를
읽으면서 내내 너에게 꼭 권하고 싶다는 생각을 했단다.

순자는 당시 중국에서 가장 저명한 학자이자 교육자였어. 그래
서 중국 전역에서 수많은 학생들이 모여들었다고 하지. 유명한 한
비자韓非子와 이사李斯 또한 모두 순자의 제자였단다.

성악설을 바탕으로 하는 순자의 논리는 구체적이고 현실적이
야. 그런 점에서 맹자와는 정반대지. 맹자는 성선설을 근거로 정치,

경제, 사회, 문화를 논하고 있거든.

그러나 두 사람 모두 다다른 결론은 '인仁'이야. 다만 인에 도달하는 방법이 다를 뿐이지. 따라서 두 사람 모두 유학자로 분류돼. 서양의 심리학에서도 인간의 본성을 성선설과 성악설로 구분하더구나. 경영학에서는 그것을 X이론과 Y이론으로 불러. 사람의 능력을 인정하고 격려하는 게 Y이론이고, 상과 벌로 능력을 극대화시키려는 게 X이론이지. 교육학에서도 사람의 개성을 인정하고 격려하는 아동 중심 이론과 통제와 규율을 강조하는 교사 중심 이론이 있어. 모두 보다 좋은 사회, 보다 훌륭한 사람을 만들기 위한 생각들이야. 단지 방법이 다를 뿐이지.

인간의 악한 바탕을 경계하라

순자는 사람의 본성은 악하고, 선이란 인위적인 노력으로 이루어지는 것이라고 주장해. 사람은 태어나면서부터 이익을 추구하기 때문에 그대로 내버려 두면 서로 빼앗기 위해 다툴 것이라고 보는 거지.

순자의 말에 따르면 사람이 선하려고 노력하는 것은 역설적으로 본성이 악하기 때문이야. 순자는 인간의 악한 본성을 다스리는 것에 대해 다음과 같이 말했더구나.

> 구부러진 나무는 반드시 곧은 먹을 대고 불에 쬐어 바로잡아야 꼿
> 꼿해지고, 무딘 칼은 반드시 숫돌에 갈아야 날이 서고, 사람은 반드
> 시 스승이 있어야 바로잡히고, 예의를 얻어야 다스려질 것이다. 만
> 일 스승이 없다면 편벽된 대로 기울어져 부정해질 것이요, 예의가
> 없으면 난폭해져서 다스리지 못할 것이다.

능력에 따라 인재를 등용하라

순자는 성악설을 기반으로 사회 각 분야의 운영에 대해 얘기해. 정
치에서는 능력 위주로 인재를 선발해야 하고, 경제에서는 분업을
통해 효율성을 기해야 하며, 사회에서는 예를 지키도록 법을 엄하
게 집행해 기강을 세우고, 교육에서는 경쟁을 통해 각자 가진 능력
을 발휘하게 해야 한다고 주장한 거지.

순자가 말하는 정치의 기본은 유능한 인재를 발굴해 적재적소
에 등용하는 거야. 사람은 모두 능력과 적성이 다르지. 이러한 기본
전제를 무시하고 인사를 단행하면 질서가 없어서 국정에 혼란이
올 거야. 그래서 순자는 능력 위주의 등용을 주장해.

우수하고 유능한 사람을 우선 등용하고, 열등하고 무능한 사람은 파면하며, 죄인은 타이를 것 없이 주륙하고, 평범한 백성은 형벌 없이 감화시킨다. 비록 왕공이나 사대부의 자손이라도 예의에 합하지 아니하면 서민에 편입시키고, 서민의 자손이라도 학문을 쌓고 품행이 단정해 예의에 합하면 경상 사대부의 반열로 올려야 한다.

몰입하고 전력을 다하라

나는 아버지가 되고 나서 《순자》에 나온 여러 이야기 가운데 교육에 대한 부분에 특히 눈길이 가더구나. 순자는 공부할 때 노력하고 집중해 전력을 다해야 한다고 이야기한다. 아빠가 예전에 전국의 중고등학생을 대상으로 성적이 좋은 학생들의 특징을 연구한 적이 있었거든. 연구 결과는 머리가 좋거나 또는 과외를 잘 받아서가 아니라 바로 순자의 말처럼 노력과 집중이었어.

순자는 노력의 중요성에 대해 다음과 같이 강조하더구나.

흙이 쌓여 산을 이루고 이곳에서 비바람이 일어난다. 물이 모여 못을 이루고 이곳에서 교룡이 태어난다. 반걸음부터 시작해 쌓이지 않으면 천 리 길을 갈 수 없다. 작은 물방울이 모이지 않으면 강이나 바다를 이룰 수 없다. 아무리 좋은 말이라도 한 번에 열 걸음을 달릴 수 없으나, 둔한 말이라도 열흘을 힘써 달릴 수는 있다. 성공은 멈추지 않는 데 있으니 깎다가 멈춰 버리면 썩은 나무도 쪼갤 수 없다. 깎고 깎기를 멈추지 않으면 쇠나 돌에도 새길 수 있다.

또한 집중의 중요성에 대해서는 다음과 같이 말하고 있어.

오직 하나의 정성스러운 뜻이 없는 사람에게는 빛나는 총명함이 없고, 오직 한결 같은 정성스러운 노력이 없는 사람에게는 빛나는 공이 없는 법이다. 갈림길에서 배회하는 사람은 목적지에 이르지 못한다. 눈은 동시에 두 가지를 보지 않을 때 밝고, 귀는 동시에 두 가지를 듣지 않을 때 밝다.

성공하는 사람들의 특징은 자신이 지금 하고 있는 그 일에 집중한다는 거야. 아무리 재능이 뛰어나도 집중하지 않으면 보석을 숨긴 돌덩이에 불과하다는 거지.

성악설을 소개하다가 공부를 열심히 해야 한다는 잔소리로 끝맺는구나. 하지만 순자가 성악설 말고도 다른 이야기를 했다는 것을 알려 주고 싶었단다.

참다운 지식이란
무엇일까?

:::::::::::::::::::::::::::::::::::::::

플라톤의 《대화편》

미국의 한 영재 학교를 방문했을 때였단다. 학교 정문을 보니 "아는 것을 안다고 하고, 모르는 것을 모른다고 하는 것이 정말 아는 것이다"라는 공자의 말이 게시되어 있더구나. 그 학교 교장은 영재들의 자만심을 경계하기 위해 이 말을 자주 들려준다고 했다. 앞에서도 얘기했지만 이 말의 참뜻을 이해하는 것은 공부를 많이 해본 뒤에나 가능하단다. 나는 박사 학위를 끝내고 나서야 겨우 그 말의 의미를 이해하게 되었어.

자신의 지식을 과시하지 않고 열린 마음으로 남의 이야기를 잘 들을 줄 아는 사람이라야 크게 될 수 있단다. 영어 단어 몇 개 더 안다고, 수학 문제 몇 개 더 풀 줄 안다고 남보다 우월한 것이 아니야.

공부에는 끝이 없고, 세상에는 너보다 뛰어난 사람이 많다는 것을 잊지 말았으면 한단다.

앎이란 내가 모른다는 것을 깨닫는 데서 출발한다

너도 중학생이 되면서부터 '안다는 것'이 무엇을 의미하는 것인지에 대해 관심을 보이더구나. 그래서 이번에는 고대 그리스 철학자들의 책을 소개하려고 한다. 여러 책 가운데에서도 먼저 플라톤의 《대화편》에 대해 알려 주고 싶구나. 이 책은 플라톤이 하나의 주제를 선택해 찬반으로 토론하는 과정으로 구성되어 있는데, 논리적인 사고를 하는 데에도 많은 도움이 될 거란다.

《대화편》 안의 〈소크라테스의 변론〉을 읽다 보면 소크라테스 Σωκράτης 또한 공자처럼 '안다는 것은 내가 모르고 있는 것이 무엇인가를 깨닫는 것'이라고 말하는 부분이 나온단다.

> 지혜롭다는 정치가를 만나 본 결과 그보다는 내가 지혜가 있다는 것을 알았다. 그와 나 모두 좋고 아름다운 것에 대해 아무 것도 모르는 것 같았다. 그러나 그는 자신이 모르면서도 알고 있다고 생각

하지만, 나는 모른다고 생각했다. 이 조그만 차이, 자신이 모르는 것에 대해 모른다고 인정한다는 차이 때문에 내가 그보다 조금 더 지혜로운 것 같다. 그들은 모르면서도 자신이 최고라고 생각하고 있기 때문에 자신의 지혜를 가리고 있다.

그렇다면 진정한 앎이란 어떻게 얻을 수 있을까? 플라톤은 논리적인 사고를 할 수 있는 능력을 통해 진정한 앎에 다가갈 수 있다고 보았어. 그는 '동굴의 비유'를 예로 들어서 진리를 탐구하는 과정을 이렇게 설명하지.

죄수들은 동굴에 가두어진 채 오랫동안 손발과 목이 묶여 앞만 볼 수밖에 없다. 그들 앞에 있는 성벽을 따라서 사람들이 물건을 운반하고 있고, 죄수들은 불빛에 비친 그림자만 볼 수 있다. 죄수들은 그림자가 실물인 줄 안다. 나중에 죄수 한 명을 풀어준 다음 밖으로 나가서 태양을 직접 보게 했다. 그는 그제야 동굴에서 보았던 게 실물이 아니고 그림자에 불과하다는 것을 알았다.

인간은 태양으로 비유되는 논리적 사고 능력에 의해서 진리를 알게 된다는 것이지. 그렇다면 이렇게 진정한 앎을 깨달으면 우리 삶에서 무엇이 달라진다는 것일까?

얼마 전까지는 인문학의 위기라고 하더니 근래 신문을 보니 인문학의 중요성이 다시 강조되고 있더구나. 하지만 그런 인문학의 유행이 스스로의 삶에 대해 되돌아보자는 분위기에서 형성된 것 같지는 않은 것 같아.

앎의 의의를 쓸모에서만 찾는 태도는 지식에 다가가는 데 있어 큰 장애가 될지도 몰라. 그러나 한편으로는 가뜩이나 바쁜 현대 사회에서 실용성을 증명하지 못하는 지식을 쉽게 권하지 못하는 것도 사실이구나. 너는 어떤 지식에 더 관심이 가니? 실용적인 지식? 아니면 철학적인 지식? 고대 그리스의 플라톤은 '진리가 무엇인가'를 아는 철학적 지식이 가치 있는 지식이라고 주장했지만, 18세기 영국의 허버트 스펜서Herbert Spencer는 '생활에 필요한 실용적 지식'이 가치 있는 지식이라고 주장했더구나. 무엇에 더 끌리는지 우리 한 번 '논리'적으로 생각해 보자.

'왜'라는 질문을
왜 해야 하는 걸까?

파브르의 《과학 이야기》와 다윈의 《종의 기원》

현대인의 삶에서 빠질 수 없는 상식 가운데 하나는 과학일 거야. 그래서 과학은 과학자들만의 지식이 아니지. 의학은 말할 것도 없고 경제학도 과학이나 수학 지식이 없으면 깊이 공부할 수 없을 거야. 심지어 모든 학문의 근원이라는 철학도 과학의 발달과 밀접하게 연관되어 있단다. 근대가 펼쳐지는 과정에서 코페르니쿠스Nicolaus Copernicus나 다윈Charles Robert Darwin의 주장들이 얼마나 '철학적'으로도 큰 영향을 끼쳤는지를 떠올려 봐.

하지만 학교에서 가르치는 자연과학은 학생들에게 흥미를 주지 못하는 것 같더구나. 그래서 학생들은 과학과 점점 멀어지게 되고, 지식인으로 대접 받는 사람들조차 과학에서만큼은 문맹 수준을 면치 못하는 경우를 종종 볼 수 있지. 아빠도 근래 과학 고전들을 읽어 가면서 과학이 그렇게 재미있는 공부인 줄 처음 알았단다.

호기심과 관찰에서 시작된 과학

책이 마음의 양식이라면 과학을 아는 건 편식 습관을 고치고 건강을 찾는 것과 같을 거야. 그래서 너에게 쉽고 재미있게 과학의 세계로 입문할 수 있으면서도 만만찮은 내용을 담고 있는 과학 책으로 무엇이 있을까를 고민하다가 이 책을 떠올렸단다. 바로 파브르Jean-Henri Fabre의 《과학 이야기》야. 파브르라면 왠지 익숙한 이름이지? 맞아, 《파브르 곤충기》를 쓴 그 파브르야. 파브르라고 하면 '곤충 박사'로만 알려졌지만 그는 수학과 물리학, 생물학 등 다양한 분야를 두루 섭렵한 과학자란다. 어려운 집안 형편에도 불구하고 공부를 놓지 않은 덕분이지.

그래서 이 책에는 곤충뿐만 아니라 식물, 광물, 지구, 대기, 바다 등 자연과학 전반에 대한 이야기가 포함되어 있어. 어린이들을 위해 만들어진 책이지만 청소년인 네가 읽어도 전혀 어색하지 않을 거야. 이 책을 읽고 나면 과학 시간이 재미있어질 것이라고 장담한단다.

파브르는 과학자가 되려면 우선 관찰을 잘 해야 한다고 강조해. 꿀벌이 날아다니는 모습이나 땅바닥을 기어가는 작은 벌레의 모습, 풀잎의 생김새 등 자연 현상을 꼼꼼히 관찰하는 습관을 갖는 것이 필요하다는 거지. 그리고 항상 '왜'라는 질문을 해야 한다고 충고하더구나. 왜 그럴까를 묻는 것이 과학자가 되는 지름길이기 때문이야.

과학자들은 자연 현상을 보면서 '왜 그럴까'를 묻는 사람들이야. 그런 물음이 지금의 인류 문명을 만들었고 말이다. 그러니 너도 이 책을 읽을 때 어린이 책이라고 쉽게 보지만 말고 과학자들처럼 '왜'를 따지면서 깐깐하게 읽었으면 한단다.

갈라파고스 섬에서 탄생한 진화론

이번에는 조금 어렵고 두툼한 책을 소개할까? 바로 다윈의 《종의 기원》이야. 코페르니쿠스의 지동설만큼이나 큰 파장을 일으켰던 책이란다. 인간이 신의 창조물이라고 믿었던 당시에 인간이 동물에서 진화되었다는 주장은 그야말로 '혁명'이었거든. 그래서 다윈은 연구 결과를 발표하는 데에도 사회적 비난과 위협을 무릅써야 했단다.

당시 사회는 세상이 신에 의해 움직이고 있다고 믿었어. 과학 또한 예외는 아니었지. 그래서 내로라하는 학자들조차 "신의 형상으로 창조된 인간이 원숭이로부터 유래되었다고 주장하는 사람과는 절대 화해할 수 없다"고 하면서 다윈을 비난했단다.

다윈은 1831년 12월 27일 남아메리카 해안을 측정하기 위해 출항하는 비글호에 승선했어. 그리고 5년여에 걸친 탐험 활동 중에 지질, 화석, 광물, 식물, 곤충, 파충류 등 다양한 동식물을 꼼꼼하게 표본 채집했다고 해. 특히 갈라파고스 섬들에 서식하는 동식물과 남아메리카 전체에 서식하는 생물종의 관계를 밝히는 연구 작업은 다윈에게 잊을 수 없는 경험이 되었지.

다윈은 이를 정리하면서 갈라파고스 제도의 핀치 새 13종이 같은 '속'이지만 '종'이 다른 것을 발견했어. 이들은 깃털이나 몸통이 비슷했지만 사는 곳이나 먹이에 따라 각기 독특한 부리 모양을 하고 있었거든. 또한 이곳의 육지 거북도 서식하는 섬의 환경에 따라서 모양이 전혀 달랐지. 원주민들은 거북의 모양만 보고 어느 섬의 거북인지 금방 구분했다고 해. 조상이 같지만 서식하는 환경에 맞게 모습이 변화되었다는 것을 보여주는 생생한 사례들이었던 거지.

다윈은 이러한 관찰 결과를 정리하면서 모든 생물종은 창조된 것이 아니라 다른 어떤 종으로부터 진화된 것이라는 결론을 내려. 그렇다면 어떤 종이 새로운 종으로 변화하는 비밀은 무엇일까?

다윈은 생물의 종이 자신이 처한 환경에 가장 잘 적응할 수 있는 형태로 변화한다고 생각했어. '적자생존'의 원리가 적용되어 자연환경에 가장 잘 적응하는 생물종이 살아남는다는 거야. 그래서 다윈은 연구 끝에 1859년 "종은 고정 불변하는 것이 아니라 세월이 쌓이고 환경이 바뀌면 변할 수 있다"는 주장을 담은《종의 기원》을 발표해.

다윈의 진화론은 역사에 엄청난 영향을 끼쳤단다. 제국주의를 앞세운 일본에 의해 우리나라도 주권을 빼앗기고 식민지가 된 역사를 알고 있지? 그때 다른 나라를 식민지로 만든 강대국들이 자신들의 침략을 정당화할 때 써 먹은 주장이 바로 진화론을 살짝 바꾼 사회진화론이야.

알게 모르게 다윈의 연구 결과는 지금까지도 여러 분야에서 광범위하게 우리의 생각에 큰 영향을 주고 있단다. 당장 너희들만 봐도 성적순으로, 또는 얼마나 힘이 센지 따위로 일등부터 꼴찌까지 줄 세우는 것을 이상하게 생각하지 않잖아? 다윈이 지금의 이런 풍경을 보면 어떤 생각을 할까?

4장

종의 기원

사랑의 기술

장자
무량수전 배흘림기둥에 기대서서

삼국지, 플루타르코 영웅전, 손자병법

논어
맹자

낭비없기, 정비록

삼국사기

헤겔베리 핀의 모험과 80일간의 세계일주

절망은 베르테르의 슬픔

인간혜동양의 기원론, 사회계약론

니코마코스 윤리학
우리를 풍요롭게 만드는 고운 시들

국화꽃, 하비자, 정의란정요

데미안

로마제국 쇠망사

사회에서 양반전까지, 우리 고전 소설 읽기

정신분석입문

어디로 가야 할지
역사가 답해줄 것이다

내일을 준비하며 경쟁으로 지친 너에게

역사가 살아 숨 쉬는
고전들

: :

지금 네가 품고 있는 가장 큰 고민 중의 하나가 경쟁일 거야. 누군
가와 경쟁해서 이기고 싶은 욕구 못지않게 뒤처지는 데 대한 압박
도 매우 강할 것이고 말이야.

경쟁에서 앞서 나간다면 자신감이 생기지. 그렇게 뭔가 이겨
본 경험은 성장 과정에서 매우 중요하단다. 하지만 문제는 경쟁 구
도에 선 어떤 누구도 언젠가는 패배를 맛본다는 거야. 특히 일등
부터 꼴찌까지 서열을 매기는 지금의 성적 시스템에서는 말할 것
도 없겠지.

이런 환경에서는 다른 아이들이 볼 때 승리자라고 생각하는 친
구도 스스로에 대해 패배자라고 생각할지도 모르겠구나. 사람이란

더 높은 곳만을 바라보기 마련이잖아. 남들이 부러워하는 대학에 들어간 학생들도 보다 수능 점수가 높은 대학을 동경할 것이고, 가장 높은 수능 점수를 요구하는 대학에 들어갔을지라도 보다 점수가 높은 학과에 입학한 친구들과 자신을 비교할지도 몰라. 극소수를 제외한 대부분의 아이들은 패배자가 될 수밖에 없는 거지.

그래서 대부분의 아이들은 '패배자'가 되지 않기 위해 학교 공부 이외의 다른 분야에서 자신의 존재감을 확인받고자 해. 게임에 빠지는 것도 그 때문이 아닐까? 복잡한 현실과는 다르게 게임에서는 투입한 시간만큼 정직하게 강해지고, 강해진 만큼 경쟁에서 승리하는 쾌감을 얻기도 쉬우니까 말이야.

한 발 물러서서 다르게 보기

아들아, 나는 네가 이런 경쟁 구도에 대해 다르게 보기를 바란다. 남을 짓밟고 올라서라거나, 또는 반대로 경쟁 구도에서 이탈하라는 뜻이 아니야. 왜 우리가 경쟁을 하는지, 경쟁이 심해지면서 우리는 어떻게 살게 되었는지, 그리고 이런 경쟁 구도에서 어떤 행동을 취해야 하는지에 대해 보다 넓고 멀리 보았으면 한단다.

내가 몸담고 있는 세상 전반에 대해 넓은 시각에서 바라보고 설명하는 학문은 바로 역사학이야. 우리는 역사를 통해 과거를 복습하고, 현재 우리 상황을 하나하나 되짚어 보면서 미래가 어떻게 전개될지를 가늠하지. 선인들이 과거와 세상을 관찰하며 해석한 기록들은 우리에게 지금을 비추는 거울이 되어 주기 때문이야. 과거에 왜 우리가 일본의 식민지로 전락했는지, 그리고 그러한 과거의 역사를 되풀이 하지 않으려면 어떻게 해야 할지도 모두 역사를 통해 답을 찾을 수 있단다. 그래서 지도자들은 모두 역사책을 즐겨 읽었다고 해. 이제부터는 바로 이 역사에 대한 책들을 함께 보자꾸나.

승자와 패자는
어디에서 갈라지는 걸까?

∙∙∙∙∙∙∙∙∙∙∙∙∙∙∙∙∙∙∙∙∙∙∙∙∙∙∙∙∙∙∙∙∙∙∙∙∙∙

나관중의 《삼국지》, 플루타르코스의 《플루타르크 영웅전》, 손자의 《손자병법》

언젠가부터 너는 승패를 민감하게 받아들이면서 사소한 것에도 승부욕을 불태우더구나. 중학교에 진학하면서 더 심해진 것 같았는데, 그런 네게 학급 회장 선거에서 연이어 떨어진 경험은 꽤 쓰라린 기억이 되었을 거야. 아마 그때부터였지? 네가 게임에 몰두하기 시작한 게 말이다. 나는 그런 네가 퍽 염려스러웠단다. 승부욕 자체가 나쁘다는 게 아니야. 단지 승부욕을 올바르게 승화시키지 못하는 것 같아 안타까웠어.

그때 네게 이 책들을 권하고 싶었단다. 바로 영웅들이 극한까지 경쟁하면서 일어서고 쓰러졌던 이야기들이 펼쳐지는 책, 《삼국지》와 《플루타르크 영웅전》이야.

극한의 투쟁 속에 녹아 있는 삶의 지혜

'《삼국지》를 세 번 이상 읽은 사람과는 논쟁하지 말라'는 이야기를 들어 본 적이 있을 거야. 그만큼《삼국지》안에는 세상을 꿰뚫어 보는 지혜가 담겨 있다는 뜻이겠지.

나관중羅貫中의《삼국지》는 한나라가 부정부패로 쇠퇴하고 황건 적이 득세해 천하가 혼란에 빠지는 데에서 이야기가 시작돼. 나라 가 혼란에 빠지자 유비, 조조와 같은 영웅들이 큰 야망을 가지고 일어서지.

그중에 유비는 좋은 인재를 많이 얻어서 성공한 지도자야. 도원 결의로 맺어진 관우와 장비를 평생 친형제 이상으로 아꼈지. 제갈 량을 얻기 위해서는 자신을 낮추고 그의 집을 세 번이나 찾아갔단 다. 이것을 '삼고초려'라고 해. 목숨을 걸고 자신의 아들을 구한 조 운을 만나고서는 하마터면 조운을 잃을 뻔 했다고 아들을 바닥에 내던지기도 했어. 이러한 유비의 인재 사랑이 맨몸으로 시작했음에 도 조조나 손권과 같이 기반이 탄탄했던 경쟁자들과 겨룰 수 있을 정도로 성장한 비결이 아닐까? 김영삼 전 대통령도 '인사가 만사' 라고 해 모든 일에서 인간관계가 매우 중요하다고 강조했었단다.

유비와 함께 자웅을 겨뤘던 영웅 가운데 가장 유명한 사람은 조조일 거야. 삼국지에서 묘사하는 조조는 지모가 뛰어나고 결단력이 있는 지도자야. 허소가 조조의 관상을 보고 "평화로울 때는 유능한 지도자가 될 것이고, 혼란스러울 때는 간특한 영웅이 될 것[子治世之能臣, 亂世之姦雄也]"이라고 했거든. 그 말에는 혼란기에는 권모술수를 쓸 수 있는 인물이 성공할 것이라는 의미가 담겨 있어. 조조는 기회포착을 잘 하고, 상황변화에 기민하게 대응하는 지모로 한 시대를 풍미했지.

유비와 조조는 평생 경쟁 관계에 있었어. 유비는 덕으로 조조에게 승리했고, 조조는 냉철한 지모로 유비에게 승리했지. 지금 우리에게 필요한 덕목은 저 둘 중에 어떤 걸까?

삼국지 중심인물 가운데 또 한 명을 꼽자면 제갈량일 거야. 제갈량은 자신에게 세 차례나 찾아 온 유비의 청을 받아들이면서 탁월한 정책을 제시해. 바로 형주를 발판으로 서천을 차지해 조조의 위나라와 손권의 오나라, 그리고 유비까지 세 세력이 천하를 나눈다는 거야. 변변한 세력조차 없었던 유비에게 세상의 구도를 단번에 바꿀 만한 큰 그림을 보여 준 거지.

제갈량에 대해서는 적벽대전이나 출사표 등 유명한 이야기들이 많지만, 남만 원정 이야기를 특히 추천하고 싶구나. 제갈량이 속한 촉나라가 위나라를 공격하기 전에 배후의 적인 남만을 제압하는 내용이거든. 이 원정에서 '칠종칠금七縱七擒'이라는 고사성어가 나왔어. 제갈량이 무력으로 굴복시키는 게 아니라 마음으로 감복시키기 위해 남만 왕 맹획을 일부러 일곱 번 잡아서 일곱 번 풀어주는 내용이야. 중국의 마오쩌둥毛澤東도 삼국지를 여러 번 읽으면서 제갈량의 전략을 참고했다고 해.

동아시아에서 살아가고 있는 사람 치고 꼭 소설이 아니더라도 《삼국지》를 한 번도 접해보지 않은 사람은 아마 없을 거야. 나도 어렸을 때부터 《삼국지》를 좋아해 여러 번 읽었지. 《삼국지》에 나오는 많은 고사성어 가운데 특히 '경적필패輕敵必敗'와 '허허실실虛虛實實'을 깊이 마음에 새겼단다. 작은 일에도 최선을 다하고, 교만하지 말며, 속 빈 강정 같은 사람이 되는 것을 경계하고 싶었기 때문이야. 《삼국지》가 나의 스승이 된 셈이지.

영웅들을 거울로 삼아 나를 보다

《플루타르크 영웅전》은 전쟁터와 정치판에서 승부한 그리스와 로마시대 영웅들에 대한 위인전이야. 《삼국지》와도 비슷하지? 우리가 《삼국지》를 읽었던 것처럼 서구의 청소년들은 《플루타르크 영웅전》을 읽고 큰 꿈을 꾸었다고 해.

이 책의 저자인 플루타르코스Μέστριος Πλούταρχος는 고대 그리스의 철학자로 '플루타르크'는 그의 이름을 영어식으로 표기한 거야.

플루타르코스가 정리한 영웅들 가운데 지금까지 전해지는 인물은 모두 50명이야. 지금부터는 그 가운데 인상 깊게 보았던 몇 명을 소개해 줄게.

페르시아와의 전쟁을 승리로 이끈 데모스테네스Δημοσθένης는 유명한 웅변가야. 데모스테네스는 지하실에 커다란 거울을 걸어놓고 매일 웅변 연습을 했다고 해. 말 하나하나의 의미를 연구하며 표정과 몸짓을 곁들여서 말이지. 말 더듬는 버릇을 고치려고 입에 조약돌을 물기도 했고, 천정에 칼을 매달아 놓고 그 아래에서 연습을 해 한쪽 어깨가 올라가는 것도 고쳤다고 하더구나. 지하실 계단을 오르내리며 숨이 찰 때도 연설을 하거나 시를 낭송할 수 있도록 호흡을 가다듬었다고도 하고 말이야. 이러한 노력의 결과로 데모스테네스는 그리스 역사상 최고의 웅변가가 되었다고 해.

테미스토텔레스Θεμιστοκλῆς는 페르시아의 침략에서 그리스를 구한 전략가야. 그리스 동맹군이 페르시아 해군의 위력에 압도되어 후퇴하기로 결정하자, 테미스토텔레스는 그리스 해군이 철수하려 한다는 정보를 적인 크세르크세스Ξέρξης에게 흘려. 그 정보를 받고 크세르크세스의 해군이 그리스 동맹군을 완전 포위하자, 퇴로가 없어진 그리스 동맹군은 결사적으로 싸울 수밖에 없었고, 결국 승리했어. 이 전투가 바로 살라미스 해전Ναυμαχία τῆς Σαλαμῖνος이야. 중국 한나라 건국 공신인 한신韓信이 썼던 배수진과 비슷하지. 이순신 장군이 말한 '살려고 하면 죽을 것이요, 죽기를 각오하고 싸우면 이 길 것이다[必死卽生 必生卽死]'과도 같은 의미인 걸 보면 재미있지?

테미스토텔레스는 전투를 할 때 기상이나 지형도 잘 이용했어. 살라미스 해전에서도 풍랑이 심해질 때를 기다려서 전투를 했지. 그리스의 함선은 중심이 낮아서 파도를 잘 견뎌내지만 페르시아의 함선은 후미가 올라가고 갑판이 높아 균형을 잃기 쉬워 파도에 견디지 못했거든. 전투 장소도 좁은 해협으로 정해 수가 많은 페르시아 함선들이 좁은 곳에서 서로 부딪히고 우왕좌왕하는 걸 노렸어. 이순신 장군도 명량대첩 당시 좁은 해협을 이용해 수적으로 우세한 왜군 함대를 물리쳤지.

로마시대에 이르면 이야기가 더욱 흥미진진해진단다. 로마가 최강대국이 된 때는 경쟁 관계였던 카르타고Carthage를 격퇴하고 지중해 해상권을 독점하면서부터야. 카르타고에는 한니발Hannibal이라는 명장이 있었는데 세계 최초로 군대를 이끌고 알프스를 넘은 장군이란다. 알프스는 웅장하고 높은 산들로 겹겹이 둘러싸인 거대한 산맥인데, 그곳을 혼자도 아니고 수많은 군대와 마차를 이끌고 넘었다니 대단하지. 그러고 보니 나폴레옹도 알프스를 넘었구나. 의심과 피로, 불안감으로 술렁이는 부하들을 다독이며 나폴레옹이 눈 덮인 알프스를 넘는 광경을 상상해봐.

한니발 또한 적을 교란시키는 계략을 잘 구사했다고 해. 로마의 적장인 파비우스의 농장을 일부러 보호해 로마 시민들이 파비우스 장군을 의심하게 만든 사례가 대표적이지. 이 일로 파비우스 장군은 원로원에서도 불신을 받았고, 그렇게 지도자를 잃은 로마 군은 통제력을 잃고 한니발과의 전투에서 패퇴했어.

한니발은 칸나이Cannae 전투에서 초승달 모양의 진형을 선보이기도 했어. 가장 강한 군대를 양쪽 끝에 배치시켜 적 진영의 옆구리를 빠르게 친 다음 포위하는 작전이지. 훗날 이 진형은 동서양을 아울러 널리 쓰이게 돼. 그러나 한니발은 전투에는 이겼지만 전쟁에는 지고 만단다. 카르타고의 국력이 로마에 비해 많이 모자랐던 탓이지.

카이사르Gaius Julius Caesar는 우리에게도 익숙한 이름이야. 그는 전투에 임했을 때 지휘관인데도 방패를 들고 적진으로 들어가는 용맹함을 보였다고 해. 게다가 신상필벌도 확실하고 솔선수범했기 때문에 병사들이 따를 수밖에 없었을 거야. 기회를 포착하는 능력도 뛰어났고 결단을 내릴 땐 단호했다고 하는구나. '주사위는 던져졌다'나 '왔노라, 보았노라, 이겼노라'와 같은 유명한 말이 바로 카이사르에게서 나온 거야.

카이사르는 갈리아 전쟁에서 승리하고 율리우스력을 정비하는 등 로마제국의 기초를 다진 인물이기도 해. 영어로 7월을 가리키는 'July'도 카이사르의 이름에서 비롯된 거란다.

전략적으로 살아간다는 것

《플루타르크 영웅전》과 《삼국지》 모두 이야기의 주요 배경이 전쟁이야. 인류 역사에서 전쟁은 끊일 날이 없었어. 그리고 전쟁은 아득히 먼 전장에서만 일어나는 것이 아니라 우리 생활 어디에서나 일어나지. 직장인들이 하루하루가 전쟁이라고 한숨 쉬는 건 엄살이 아니란다.

그래서 이번에는 전쟁과 같은 일상에 대해 생각해 볼 수 있는 책을 소개하려 해. 바로 《손자병법》이야. 손자병법은 전장뿐만 아니라 우리 삶에서도 유용하게 쓰일 수 있는 전략을 알려 주거든.

이 책의 저자인 손자孫子는 오나라 합려를 섬기던 명장으로 본명은 손무孫武야. 《손자병법》이라는 워낙 뛰어난 책을 남겼기 때문에 공자나 맹자, 노자처럼 존칭으로 불리는 것이란다. 《손자병법》은 시공을 초월해 지금까지도 많은 군사학교에서 교재로 쓰고 있어.

그는 병법의 대가이지만 전쟁에는 반대해. 《손자병법》에서도 다음과 같이 전쟁의 위험성을 경고하고 있지. "전쟁은 많은 사람들의 생명이 걸린 중대사일 뿐만 아니라 국가 존망이 걸린 중차대한 사건이다." 그렇기 때문에 전쟁을 하기로 결정할 때는 대의명분이 있어야 하고, 무엇보다 함부로 전쟁을 벌여서는 안 되겠지.

손자의 이러한 생각은 현대전에서도 그대로 적용된단다. 미국의 베트남 전쟁 참전만 봐도 명분을 상실했기 때문에 미국 국민들이 호응하지 않았잖아.

이 책에서 손자는 병법의 최선은 싸우지 않고 이기는 것이라고 말한단다. 전쟁은 이기기 위한 수단이지 그 자체가 목적은 아니라는 거야. 손자의 말에 따르면 적이 싸울 엄두를 내지 못하도록 압도하는 게 최선이고 무력으로 굴복시키는 것은 하책이야. 싸우지 않고 이기기 위해서는 적에 대해 정확하게 분석할 줄 알고 동시에 나의 역량에 대해 객관적으로 파악할 수 있어야겠지. 이렇게 적을 알고 나를 알면 백 번 싸우더라도 위태롭지 않다고 해. '지피지기면 백전불태[知彼知己百戰不殆]'라는 말은 여기서 나온 거란다.

그리고 손자는 기왕 싸우기로 했다면 '이기는 싸움'을 해야 한다고 주장한단다. 이기는 싸움이란 충분히 준비가 마련된 상태에서 방심하지 않고 상황에 대처하는 거야. 확신이 서지 않는 싸움은 준비가 되지 않았다는 것이니 처음부터 하지 말아야겠지. 꼭 전쟁에만 적용되는 조언은 아닐 거야.

《손자병법》에는 임기응변으로 유연하게 움직이고 지형을 이해하고 이용하거나 상대를 방심하게 만드는 등의 실용적인 조언들이 많지만, 무엇보다 강조하는 것은 군의 사기야. 알렉산더 대왕이나 카이사르는 지위가 높았음에도 최전선에 서서 병사들과 함께 싸웠기 때문에 병사들의 사기가 매우 높았다고 해. 전장에서는 엄격한 군율을 시행하지만 평시에는 사병들과 동고동락했다고도 하지.

손자도 전장에서는 엄격하게 군기를 잡았지만 평시에는 사병들의 고민을 들어주는 자상한 상관이었다고 하더구나. 손자와 더불어 중국의 대표적인 병법가로 꼽히는 오자吳子도 사병들의 고름을 직접 입으로 짜 줄 정도로 고락을 함께했기 때문에 병사들이 충성을 다했다고 해. 누군가를 다스리기 위해서는 먼저 진심을 다해 정성껏 대해야 한다는 상황이 참 역설적이지?

네가 초등학생 때 읽었던 정비석의 《소설 손자병법》은 《손자병법》을 소설로 풀어쓴 거야. 손자의 이론이 인간의 삶에서 어떻게 적용되는지가 흥미진진하게 나와 부담없이 읽을 수 있지. 《손자병법》에 대해서는 좋은 번역서가 많지만 네게는 노태준이 번역한 《손자병법》을 권하고 싶어. 해설이 곁들여 있어서 중고등학생들도 쉽게 읽을 수 있거든.

역사를 잊은 민족에게
미래는 없다

• •

김부식의 《삼국사기》, 이순신의 《난중일기》, 류성룡의 《징비록》

한국의 역사를 공부하다 보면 우리 민족이 참 대단하구나 하는 생각이 들지 않니? 세계를 호령했던 수많은 강대국들도 대부분 쇠망하고 말았는데, 우리 민족은 수많은 어려움을 겪으면서도 끈질기게 살아남아서 이제는 동북아의 중심 국가가 되었으니 말이야.

역사상 중국을 장악했던 몽골의 원나라나 여진의 청나라 등이 중원을 지배하고 한반도를 침략했을 때도 우리 민족은 국가의 독립을 지켰어. 지금 우리는 세계 초강대국인 미국, 중국, 일본, 소련이 대결을 벌이고 있는 중간 지역에 끼여 있단다. 그리고 더 위험한 것은 남북이 분단된 채 서로 대립하고 있다는 거야. 이러한 상황을 어떻게 극복하느냐가 앞으로도 계속 중요한 문제가 되겠지.

너는 실감이 나지 않을지도 모르겠지만, 수나라와 당나라의 침략을 받았던 삼국시대나 일본의 침략으로 국가의 주권을 잃었던 19세기보다 어쩌면 지금이 더 어려운 상황에 처해 있는지도 모르겠구나.

너도 뉴스를 통해 중국의 동북공정이나 일본의 역사 왜곡에 대한 소식을 들으면서 많이 아쉬워했었지. 중국은 동북공정으로 고구려가 '중국의 지방 정부'에 불과하다고 주장하고 있고, 일본은 일제 36년간 저지른 모든 만행을 부인하면서 그 과거를 역사 교과서에서도 지우려 하고 있어. 중국과 일본의 침략은 끝난 게 아니라 또 다른 형태로 되풀이되고 있는 거야.

과거와 같은 비극이 되풀이되지 않는 방법은 역사를 똑바로 바라보는 거야. 이 위기를 어떻게 극복하고 우리의 주권을 지켜갈 것인가에 대해 진지하게 생각해 봐야겠지.

우리 민족은 어디에서 비롯되었을까?

그래서 지금부터는 우리 역사에 대한 책들을 소개하려고 해. 《삼국사기》는 고려시대 김부식이 고구려, 백제, 신라의 역사를 정리한 책이야.

박혁거세의 탄생 설화로 시작되는 신라부터 살펴볼까? 신라는 삼국 가운데 가장 나중에 출발한 국가였지만 삼국을 통일하는 데 성공한단다. 그 힘은 어디에서 나온 것일까?

'신라' 하면 떠오르는 이미지 가운데 하나가 화랑일 거야. 진흥왕은 바로 이 화랑 제도를 통해 인재를 양성하고 국토를 넓혔지. 그리고 자신이 직접 신라의 확장된 영토를 돌아보면서 '순수비'를 곳곳에 세웠단다.

신라가 삼국을 통일하는 데 결정적인 역할을 한 사람은 김춘추와 김유신이야. 김춘추는 당나라와의 외교를 통해, 김유신은 전쟁에서의 승리를 통해 삼국통일의 기초를 닦았지. 그러고 보니 김유신도 화랑 출신이구나.

지금도 우리 영해는 잦은 침범을 받고 있어. 신라시대에도 중국 해적선이 서해에 출몰해 골칫거리였다고 하더구나. 그때 서해 바다를 지킨 사람은 장보고였어. 최치원은 당나라에서도 이름을 떨친 당대 최고의 학자였지. 삼국을 아우를 수 있었던 신라의 힘은 이렇게 인재들이 많이 나온 데 있지 않았을까?

신라 문화는 불교가 들어오면서 꽃을 피웠어. 불교가 신라에 들어올 때 귀족들의 반대가 심했지만 이차돈의 순교를 거치면서 국교가 되었지. 김대건의 불국사와 석굴암, 그리고 원효의 사상 등 신라가 남긴 불교 관련 문화들은 우리 민족의 대표적인 문화유산이란다.

《삼국사기》를 다 읽은 다음에는 신라의 수도였던 경주에 함께 가보도록 보자. 그동안 덤덤하게 지나쳐 왔던 경주와 경주의 유적들이 다르게 보일 거야.

이어서 고구려를 볼까? 고구려를 건국한 주몽도 알에서 태어났다고 한다. 활을 잘 쏘고 영특했던 주몽은 부여를 탈출해 졸본 땅에서 고구려를 건국해.

고구려 또한 인재들의 능력을 잘 살리면서 발전했어. 고국천왕이 개인의 능력에 따라 인재를 등용하면서 고구려의 국력이 강해졌거든. 예를 들어 을파소 같은 경우에는 귀족 출신이 아니면서도 국상, 지금의 총리까지 올랐어. 을파소는 백성들의 가난을 구제하기 위해 진대법을 실시했던 사람이야. 진대법은 관청에 보관하는 곡식을 봄과 여름에 백성들에게 빌려주었다가 가을 추수 때 갚게 하는 제도란다.

이런 발전 과정을 거쳐 광개토대왕과 장수왕 때 고구려는 당시 동북아 최강의 국가가 됐지. 드넓은 만주 평야와 한강 이북의 땅이 모두 고구려 영토가 된 거야. 이런 고구려에 대항해 신라의 진흥왕과 백제의 성왕이 나제동맹을 결성해 고구려에 대항했단다. 이때 한강 쟁탈전을 치열하게 벌인 장군 중에 하나가 유명한 온달 장군이야. 삼국은 왜 그렇게 한강을 두고 치열하게 싸웠을까?

이후 고구려는 수나라와 당나라의 침략을 연이어 물리쳤단다.

이렇게 강한 나라였지만 끝내는 신라와 당나라의 연합군에 의해 멸망했어. 신라가 삼국통일을 위해 당나라를 끌어들인 선택은 과연 우리에게 득이 되었을까? 만약 고구려가 통일을 했다면 우리의 역사는 어떻게 전개되었을까?

이제 백제 역사가 남았구나. 김부식은 《삼국사기》에서 백제의 역사에 대해 비판적으로 서술하고 있어. 예를 들어 의자왕이 충언을 무시하고 방탕한 생활을 했었기 때문에 백제가 멸망했다는 거야. 하지만 정말 왕 하나의 부정과 무능 때문에 오래 이어져 온 국가가 단번에 무너졌을까? 그전에 과연 의자왕이 무능한 왕이라는 평가가 맞기는 한 걸까?

역사는 그것을 바라보는 역사가의 해석이기 때문에 역사책을 읽을 때는 여러 모로 다르게 생각해 볼 필요가 있단다. 예를 들어 김유진의 《백제 이야기》에서는 백제가 쇠망한 까닭이 의자왕의 무능이 아니라 백제가 한강 유역을 잃어버렸기 때문이라고 하거든. 한강은 이미 삼국시대부터 매우 중요한 의미가 있는 곳이었던 거지. 모든 고대 문명은 강을 끼고 발전했단다. 그리고 한강은 한반도의 중심에 위치한 교통의 요지인 데다 서해를 통해 중국과 교류하기 편한 곳이기도 해. 그래서 삼국시대 특정 시기에 어느 국가가 가장 융성했는지를 아는 가장 쉬운 방법은 당시 한강을 어떤 세력이 차지했는지를 파악하는 것이란다.

우리가 몰랐던 인간 이순신

삼국시대를 거쳐 고려 말에도 왜구가 서해안에 출몰해 끊임없이 노략질을 했단다. 조선을 건국한 이성계가 떨쳐 일어날 수 있었던 이유도 왜구를 격퇴한 공로 때문이었지. 그런 왜가 대대적인 침략을 감행한 사건이 바로 임진·정유왜란(1592~1598)이야. 임진·정유왜란은 우리 역사상 손꼽히는 수난이란다. 선조가 궁궐을 버리고 의주로 피난을 가야 했고, 국토는 초토화되었지. 사람들의 굶주림이 극에 달해서 시체를 뜯어먹는 지경에까지 이르렀다고도 해. 이 국가적 위기를 막아낸 사람들은 유명한 장군부터 이름 없는 의병까지 많지만, 우리에게 가장 익숙한 이름은 바로 이순신일 거야.

지금부터 소개할 책은 바로 이순신 장군이 전란 중에 작성한 일기인 《난중일기》야. 이 책을 읽고 나면 큰 위기를 맞아 고민하는 이순신 장군의 모습이 선명하게 떠오르더구나. '한산 섬 달 밝은 밤에 수루에 혼자 앉아 큰칼 옆에 차고 깊이 시름하는 차에 어디서 일성호가는 나의 애를 끊나니'라고 읊은 시에서는 '인간' 이순신의 외로움과 고뇌가 잘 나타나 있지.

이순신 장군은 지극한 효자였다고 해. 일기를 봐도 곳곳에 어머니에 대한 정이 넘쳐나거든. 어느 하루 어머니에 대한 걱정이 없는 날이 없어. 자식에 대한 사랑 또한 지극했단다. 이순신 장군이 주고 받은 편지를 보면 아들에게 자세하게 안부를 묻기도 하고 친절하게 조언을 주기도 하거든. 우리가 아는 근엄한 모습과는 사뭇 다르지? 바다에서 연전연승하는 위엄 있는 모습도 멋있지만, 나는 사람 냄새 나는 이순신 장군이 더 좋구나.

이순신 장군이 해전에서 승리한 이유로는 먼저 철저한 준비를 꼽을 수 있어. 늘 무기를 점검하고 군비를 확충했지.

또 군기를 엄정히 잡은 것도 승리의 원인 가운데 하나로 꼽히지. 이순신 장군은 군기를 문란하게 한 이들은 예외 없이 처형했다고 해. 어떤 때는 가까운 부하마저 처형하는 경우도 있었어.

훌륭한 작전도 승리의 요인으로 빼놓을 수 없을 거야. 이순신 장군은 조선 수군 50척으로 일본 수군 70척을 상대한 한산도 해전이나 13척의 배로 133척의 일본군을 무찌른 명량해전을 제외하면 대부분 수적으로 우세한 상황에서 적을 상대했다고 해. 정확한 정보를 바탕으로 분산된 적을 압도적인 수로 집중해서 공격한 거지.

또한 전투를 하면서는 지리적 이점을 충분히 활용했어. 임진왜란의 격전지였던 남해 연안은 수많은 섬들이 널려 있어 적들이 지형을 파악하기가 쉽지 않았거든.

하지만 해전 승리의 원인을 얘기할 때 무엇보다 중요한 건 이순신 장군의 국가에 대한 충심일 거야. 일기를 보면 곳곳에 국가를 걱정하는 이순신 장군의 고민이 절절하게 기록되어 있단다.

우리 역사는 고난의 연속이었어. 그래도 지금까지 끈질기게 버텨올 수 있었던 건 이름이 알려졌든 알려지지 않았든 나라를 걱정했던 수많은 '이순신'들의 노력 때문이 아닐까?

어제를 후회하고 내일을 대비한다

그렇다면 왜란 이후 조선은 어떻게 전쟁을 마무리했을까? 전쟁의 실태와 참상을 기록하고 앞으로 우리 민족이 경계해야 할 바를 적어놓은 책이 류성룡의《징비록》이야.

류성룡은 이순신 장군과 같은 시대를 살았던 문신으로, 이순신 장군을 조정에 천거한 사람이 바로 그란다. 류성룡은 퇴계 이황의 제자로 스승으로부터 '하늘이 내린 사람'이라는 평가를 받을 정도로 명석했다고 하지. 훗날 서거한 다음에는 남대문 상인들이 시장을 닫고 애도를 표할 정도로 많은 사람들의 사랑을 받았다고도 해.

《징비록》의 책 제목에서 '징비懲毖'는《시경》의 "미리 징계해 후환을 경계한다[豫其懲而毖役患]"라는 구절에서 따온 거야. 제목처럼 왜란 이후 조선 지식인의 통렬한 반성이 담긴 책으로 당시 국제 정세와 조선의 내정이 자세히 나와 있단다.

류성룡은 조선 조정의 무방비 속에서 임진왜란이 발발했다고 말해. 일본과의 외교 관계를 소홀히 한 탓에 일본의 침략 의도를 간파하지 못했으며, 장수 선발도 잘못되었고, 군비도 정비되지 않은 상태였다는 거지.

임진·정유왜란 당시를 이해하려면 유성룡의 《징비록》과 이순신의 《난중일기》를 같이 읽어야 할 거야. 그래야 전시의 상황을 보다 종합적으로 판단할 수 있단다. 《징비록》을 보면 전쟁을 하는 당사자는 조선인데, 왜와의 협상에서 명에 가로막혀 변변한 발언권도 행사할 수 없었다는구나. 이런 구도는 수백 년의 시간이 흐른 후 1950년 한국전쟁에서 그대로 반복돼. 임진왜란 때 명나라가 '항왜원조抗倭援朝[왜에 대항해 조선을 돕는다]'를 명분으로 조선 땅에 들어 왔다면, 한국전쟁 때 중국은 '항미원조抗美援朝[미국에 대항해 조선을 돕는다]'를 구실로 한반도에 들어 왔거든. 그리고 한국전쟁 휴전회담에서 중국과 미국 등이 협상 테이블에 앉았을 때도 정작 당사자인 한국은 그 자리에서 배제되었어. 지금도 북한의 핵 도발 문제를 해결하는 실직적인 당사자는 우리가 아니고 미국과 중국이야.

역사는 반복된다는 말이 너무 자주 반복되어 지겹게 들릴 거야. 하지만 이렇게 《난중일기》와 《징비록》만 봐도 비극이 어떻게 그대로 재연되는지를 잘 알 수 있을 거야.

아들아, 이런 일이 앞으로 벌어지지 않기 위해서, 우리는 역사에서 무엇을 배워야 할까?

중국과 일본은
우리에게 어떤 이웃이었을까?

. . . .

사마천의 《사기》와 베니딕트의 《국화와 칼》

우리 역사를 살펴보면 중국은 적이자 이웃이었어. 중국과 우리는 고조선시대부터 끊임없이 충돌했지. 한나라 무제武帝가 고조선을 멸망시키고 한사군을 설치했고, 수와 당은 고구려와 오랫동안 견원지간이었단다. 고려시대에는 원나라, 조선시대에는 청나라의 침략을 받았지. 인조는 삼전도에서 청 태종에게 무릎을 꿇고 아홉 번이나 고개를 숙여야 했단다.

한편으로 우리는 중국으로부터 선진 문화를 받아들여 적절하게 이용하기도 했어. 또한 중국과 문화적으로 오랜 유대를 맺기도 했지. 유교는 우리뿐만 아니라 동아시아 전반에 걸쳐 깊은 영향을 끼쳤어. 당장 버스 안에서 노인에게 자리를 양보하는 문화만 봐도 유교 사상은 여전히 우리의 일상을 지배하고 있는 것 같구나.

지금도 우리는 중국과 밀접한 관련을 맺고 있어. 중국은 눈부신 성장을 거듭해 미국과 견주는 세계적인 강국이 되었고 말이야. 이른바 G2시대의 한 축이라고 하지. 뿐만 아니라 북한과의 외교 문제를 비롯해 한국 현대사에도 깊이 개입하고 있단다. 중국의 협조 없이는 우리의 통일도 쉽지 않을 거야.

한편으로는 동북공정과 같은 역사 문제로 갈등을 빚기도 하지. 'MADE IN CHINA'는 싸구려 공산품을 상징하는 말로도 쓰이지만 중국에서 수입된 물품 없이는 우린 지금과 같은 생활을 유지하기 힘들 거야. 반대로 중국으로의 수출길이 막히면 우리 경제는 큰 타격을 받겠지.

이처럼 중국은 우리에게 이롭기도 했고, 고통을 주기도 했단다. 그렇다면 우리는 중국을 어떻게 대해야 할까? 여기서 중요한 점은 중국을 무조건 좋다 또는 나쁘다, 라고만 보지 말고 중국에 대해 잘 알아야 한다는 거야.

4,000년 중국의 민낯을 본다

중국을 가장 잘 알려주는 책은 바로 사마천司馬遷이 쓴 《사기》일 거야.《사기》는 전설적인 황제黃帝 시기부터 사마천이 살았던 한 무제의 통치기까지 약 2,000년여의 시간을 기록하고 평가한 역사책이야. 〈본기〉, 〈열전〉, 〈지〉, 〈연표〉로 나누어 역사를 서술하는 '기전체'라는 형식도 사기에서 비롯된 거지. 즉 기전체는 역사를 군주와 신하, 그리고 통치제도로 정리해 연대기 순으로 소개하는 형식인 거야. 앞에서 이야기기했던《삼국사기》도 기전체로 쓰였단다.

사마천은 중국 전한시대의 역사가로 중국뿐만 아니라 아시아 지역에서 '역사의 아버지'로 일컬어지는 인물이야. 그는 태사령이라는 관직에 있으면서 흉노족과 싸우다가 항복한 이릉 장군을 변호하다 한 무제의 노여움을 사 궁형, 즉 거세형을 받게 되었단다. 그럼에도《사기》를 완성해야 한다는 일념으로 그 모든 치욕을 참아가면서 집필에 매진했어. 절망을 창작욕으로 승화시킨 거지.《사기》라는 걸출한 역사책에는 이런 배경이 있단다.

서점에는 이야기 형태로 쉽게 편집된《사기》가 많이 나와 있어. 너도 재미있게 읽을 수 있을 거야.《사기》와 다루는 시대가 겹치는 《열국지》에는 춘추전국시대의 수많은 인물들이 등장하면서 흥미진진하고 풍성한 이야기를 만드는데, 공자와 맹자, 노자와 장자 같은 대학자들도 모두 이때 활약한 인물들이란다.

그중에서《사기》〈열전〉에 등장하는 대표적인 인물들인 춘추오패春秋五覇 가운데 몇 사람을 알아볼까? 춘추오패는 제 환공을 비롯해

진 문공, 초 장왕, 그리고 오왕 부차와 월왕 구천을 가리켜.

　제齊 환공桓公은 포용력을 대표하는 인물이야. 제나라가 노나라의 땅을 점령하고 휴전 회담을 할 때 노나라의 조말이 칼을 뽑아 제 환공을 위협했다고 해. 이에 환공은 점령한 땅을 돌려주겠다고 약속했지. 제나라 신하들은 모두 조말을 없애버리고 약속을 무시하자고 했지만 환공은 "일단 약속한 말은 지켜야 한다"라고 하면서 점령한 땅을 약속대로 돌려 주었다고 하더구나. 후세에 제 환공의 이러한 아량을 다음과 같이 칭찬하지. "조말이 칼로 위협했지만 제 환공은 그를 미워하지 않았고 약속한 대로 땅을 돌려주었다. 이것이 제나라가 천하 패권을 잡게 된 원인이다."

　초楚 장왕莊王은 담대한 군주였어. 그가 전쟁에서 승리하고 잔치를 벌일 때의 일이야. 밤늦게까지 술이 오가는 도중에 갑자기 촛불이 꺼지면서 암흑천지가 된 거야. 그때 한 신하가 장왕이 아끼는 부인의 허리를 껴안았다고 해. 그녀는 재빨리 그 대부의 관끈을 끊어서 왕에게 가져간 다음 불을 밝혀서 그를 잡으라고 간청했지. 그러나 장왕은 불을 밝히지 말라고 명한 다음 "모두 거추장스러운 관끈을 끊어버리고 진탕 마셔라"라고 명했다고 해. 대부의 허물을 덮어준 거야. 초 장왕의 넓은 도량으로 죽음을 면한 대부는 나중에 전장에서 장왕을 위해 목숨을 바쳤다고 하더구나.

　구천句踐과 부차夫差는 '와신상담臥薪嘗膽'이라는 고사성어로 유명해. 오_吳나라 왕 합려_{闔閭}는 월_越나라에 침입했다가 월왕 구천에게 패하면서 큰 부상을 입었어. 그리고 죽기 전 자신의 아들인 부차를 불러 원수를 갚아달라고 부탁했지. 이후 부차는 원한을 잊지 않기 위해 불편한 장작더미 위에서 자며 준비한 끝에 월왕 구천과의 전쟁에서 크게 이기며 복수에 성공해. 구천은 부차의 포로가 되어 갖은 모욕을 겪었어. 심지어 자신의 부인마저 부차에게 뺏겼다고 하지. 천신만고 끝에 고향에 돌아 온 그는 쓰디쓴 쓸개를 문지방에 매달아 놓고 수시로 핥으면서 자신을 채찍질한 끝에 20년 후 부차를 굴복시키며 복수에 성공해. 섶나무에 엎드리고 쓸개를 맛본다는 '와신상담'은 바로 여기에서 유래된 말이야.

사람을 읽고 세상을 논한다

춘추전국시대는 무력만큼이나 외교도 중요한 과제였단다. 너도 친구들과 지내다 보면서 느끼겠지만 친구 관계란 참 복잡하게 얽히고설키기 마련이라, 이를 어떻게 풀어나가느냐가 남들과 원만히 지내기 위해서 중요한 법이거든.

《사기》에서 소개되는 대표적인 외교가로는 소진_{蘇秦}과 장의_{張儀}가 있단다. 하지만 이 둘의 외교 정책은 많이 달랐어. 소진은 각국의 장점과 단점을 들면서 6국이 동맹하지 않으면 강력한 진나라에 대항할 수 없다고 설득했어. 이를 '합종책'이라고 해.

반면에 장의는 가장 강국이었던 진나라를 섬기고 무력으로 다른 국가들을 압박한 다음 든든한 보호자가 되어 줄 것을 약속하는 방법을 권했다고 하는구나. 이를 '연횡책'이라고 한단다.

장의는 위협과 권모술수를 이용해 소진이 엮어 놓은 동맹을 와해시켜. 이로써 진나라가 전국시대를 통일할 수 있게 되었단다.

춘추오패나 소진, 장의 말고도 《사기》에는 맹상군孟嘗君처럼 인상적인 위인들이 매우 많단다. 요즘 너는 가족보다 친구들과 함께 지내는 것을 더 좋아하는 것 같더구나. 기왕 친구들을 사귄다면 너에게 당장 이득이 될 것 같은 사람만 가려 만나는 것보다는 너의 도움을 필요로 하는 친구들은 없는지 주변을 살펴보았으면 한단다.

《사기》에서 귀천을 가리지 않고 친구를 사귀었던 위인이 바로 맹상군이야. 맹상군은 자기 집에 오는 손님을 가리는 일이 없어서 식객이 삼천 명이 넘었다고 해. 언젠가 진나라의 소양왕이 맹상군을 죽이려고 했을 때 그 식객 가운데 두 명이 맹상군을 구했어. 그들의 재주는 별 볼 일 없었다고 해. 한 명은 개가 짖는 소리를, 다른 한 명은 닭이 우는 소리를 흉내 내는 게 전부였거든. 하지만 맹상군은 그들도 존중했고, 덕분에 위기에 처했을 때 그들의 재치와 재주로 목숨을 건진 거야. '계명구도鷄鳴狗盜'라는 고사성어는 여기에서 나온 거란다. 세상에 쓸모없는 사람은 없는 거지.

중국에 다녀온 사람들은 하나 같이 중국에선 '꽌시'가 전부라는 말을 하더구나. '꽌시'는 '관계關係'의 중국어 발음이야. 그렇다면 중국인들이 생각하는 이상적인 '인간 관계'란 무엇일까? 그 해답 또한《사기》에 있단다.

관중管仲과 포숙아鮑叔牙는 친구 사이였는데 관중이 처신에 조금 문제가 있었나 보더구나. 포숙아와 돈을 나눌 때는 자신이 배 이상을 가져가는가 하면 자기 주장도 너무 강했다고 해. 그래서 사람들의 비난을 샀지. 그런데 포숙아는 언제나 "관중은 구구하게 돈을 탐내는 사람도 아니고, 때를 만나지 못했을 뿐"이라고 감싸줬다고 해. 그래서 관중은 "나를 낳아준 사람은 부모이지만 나를 알아주는 사람은 포숙아다"라고 했다지. 변치 않는 관계를 뜻하는 '관포지교管鮑之交'는 바로 여기서 유래된 말이란다.

중국의 대표적인 역사서인《사기》를 읽으면 중국인들의 사고관을 쉽게 이해할 수 있단다. 예를 들어 중국이 다른 나라와 전쟁을 할 때 어떤 전략을 썼는가를 알려면《사기》〈열전〉에 나오는 손자나 오기吳起를 참고하면 많은 도움이 될 거야. 중국의 외교 전략을 이해하려면 소진과 장의를 들여다보면 될 것이고 말이지. 사람을 대할 때 최우선으로 여기는 가치가 무엇인지를 알려면 포숙아나 맹상군을 보면 되겠지. 중국의 군인들과 정치가, 사업가들은《사기》

나 또는 《사기》를 참조한 책들에서 많은 영향을 받았다고 해. 《사기》처럼 다양한 사건과 다양한 인물을 예리한 통찰력으로 꿰뚫어 본 책은 드물거든. 그래서 《사기》를 읽으면 중국을 알 수 있다는 말은 과장이 아니란다.

칼은 감추고 미소는 드러낸다

너는 일본이 우리에게 어떤 나라인 것 같니? 우리는 일본을 가리켜 '가깝고도 먼 나라'라고 하지. 우리와는 오랜 역사적 악연을 갖고 있기도 하고 말이야. 아무리 냉철한 사람이라도 한일전에서만큼은 목소리 높여 우리나라를 응원하더구나. 그만큼 일본은 우리에게 감정이 먼저 움직이게 하는 존재야.

일본은 삼국시대 이래 고려, 조선시대에 이르기까지 우리 영토를 끊임없이 침략했지. 가장 처참한 전쟁은 임진·정유왜란이었을 거야. 그리고 근현대사에 이르러선 36년간 일본의 침탈에 의해 수난을 겪은 경험이 있어. 수많은 애국지사가 일제에게 모진 고문을 당하거나 피살되었고, 지금도 일본군 위안부로 끌려갔던 할머니들이 그때의 고통을 이어가고 계시지. 창씨개명을 강요하고 한글과 우리말을 못 쓰게 하는 등 우리 문화를 말살시키려고도 했어.

아빠 세대는 '반일'을 초등학생 때부터 주입식으로 교육 받고 자라왔단다. 언젠가 방송을 보니 북한의 학생들이 "미 제국주의 원수 놈들"이라고 외치던데, 우리 어릴 때 생각이 나더구나. 축구도 일본에게는 무조건 이겨야 하지. 그러다 보니 우리는 일본을 제대로 이해하지 못하고 있는 것 같구나.

지금부터 소개하는 책은 일본에 대해 그 뿌리까지 집요하게 추적해서 분석한《국화와 칼》이야. 누군가는 일본인이 정직하고 깨끗한 사람들이라고 칭찬하기도 하고, 또 어떤 이는 일본인은 편협하고 예의가 없는 민족이라고 비방하기도 하더구나.《국화와 칼》의 저자인 베니딕트Ruth Benedict 교수는 이렇게 극단적으로 갈리는 일본인에 대한 평가를 가리켜 일본 문화의 양면성이라고 설명하고 있단다. 일본을 이해할 수 없다는 말이 나오는 것도 그러한 일본인의 양면성 때문이라는 거지. 그래서 제목도 일본을 대표하는 상징들 가운데 상반된 이미지의 조합인 '국화'와 '칼'이야.

미국인들은 일본의 '가미카제神風'와 같은 자살 특공대를 도저히 이해할 수 없었다고 해. 그들의 상식으로는 전투가 불리해지면 후퇴해 다음 때를 기다리는 게 정상이었거든. 그런데 일본인들은 대의를 목숨보다 중요하게 여긴 거야. 대의를 지키기 위해서라면 자살을 하는 것이 당연했고 말이지.

《국화와 칼》은 제2차 세계대전이 진행되던 1944년, 베니딕트 교수가 미국 정부의 부탁을 받아 이해하기 힘든 적국인 일본과 일본인들의 정신구조를 분석한 결과란다.

책에 나온 일본인의 특성 가운데 하나는 질서와 계급에 대한 신념이야. 계급에 대한 의식은 일본의 모든 분야에서 나타난다고 해. 상대에 따라 쓰는 말이 달라지는 게 좋은 사례지. 베니딕트 교수에 따르면 일본어에 존칭이 많은 것도 마찬가지 이유에서 설명할 수 있어. 일본이 2차 세계대전을 일으킨 배경에도 스스로가 '대동아' 지역의 주인이고, 다른 민족은 하층 계급이라는 위계 의식이 있었다는구나. 이러한 일본인의 생각은 평등을 국가 이념으로 삼은 미국인들이 이해하기 어려웠겠지.

2012년은 해방 이후 우리가 모르고 있었던 일본인의 속내를 백일하에 볼 수 있는 계기였어. 독도 문제와 위안부 문제, 그리고 교과서 문제를 계기로 일본인의 망언들이 쏟아져 나왔거든.

그러나 우리가 '망언'이라고 규탄하는 것들은 일부 정치인뿐만 아니라 평범한 일본인 상당수의 생각일지도 모르겠구나. 자신들이 조선에 '철도, 병원, 학교'를 세워줘 한국의 근대화에 기여했다고 생각하고 있거든. 한국인들에게 사과도 이미 여러 번 했는데 왜 자꾸만 사과하라고 하는지 이해할 수 없다고도 하지. 그들에게 일제 식민지 시기는 그저 꺼내기 불편한 기억일지도 모르겠구나.

우리가 양국의 역사를 정확히 알아야 하는 이유가 여기에 있단다. 우리가 일본의 역사교과서 문제를 심각하게 받아들이는 것도 바로 이런 이유에서야. 근래 일본 역사교과서 문제를 보니 일본인들이 그동안 애써 외면하고 잊고 지냈던 '과거'에 대해 드디어 이야기하되, 어떤 반성이나 고민 없이 오히려 합리화하는 데만 급급한 것 같더구나.

민족사학자인 단재 신채호는 "역사를 잊은 민족에게 미래는 없다"라고 말했단다. 이 말은 우리뿐만이 아니라 일본에게도 적용되는 교훈일 거야.

우리가 잃지 말아야 하는
우리의 멋

최순우의 《무량수전 배흘림기둥에 기대서서》

인간은 의식주 문제가 해결되면 그 이상의 것을 바라게 된단다. 그 중에서 가장 높은 수준의 욕구는 아름다움을 추구하는 거야. 그래서 아름다움의 추구 또한 인간의 본능이라고 할 수 있지. 하지만 아름다움을 찾는 것은 후천적으로 길러지기도 하는 것이란다.

더 아름다운 것을 볼 수 있는 안목이 필요한 이유는 바로 여기에 있단다. 최근에는 물건을 고를 때도 내구성이나 경제성보다는 디자인을 중시한다고 하더구나. 네가 쓰고 있는 스마트폰도 바로 그런 경우일 거야.

아름다움을 느낄 줄 모르고 하루를 넘기는 데 급급한 사람과 아름다움을 느낄 줄 아는 사람의 삶의 질은 꽤 다를 거야. 너와 함께 미술관을 자주 찾는 까닭도 네가 그림을 통해서 조금이라도 더 아름다운 세상을 받아들이기를 원했기 때문이란다.

우아하면서 소박한 우리의 멋

유럽에 있는 미술관에 가면 미술관 구석에 동아시아 미술 코너를 찾을 수 있어. 그곳에는 중국과 일본의 자기가 많지만 한국의 자기도 몇 점 진열되어 있단다. 그런데 세 나라의 자기는 그 모습이 서로 크게 달라. 비슷한 지역에서 만든 자기인데 어떻게 이렇게 다를 수가 있을까 하고 놀랄 정도지. 아마 한중일 각각의 민족이 사랑하는 각각의 아름다움이 서로 다른 개성으로 표현된 것일 테지. 삼국의 자기가 모두 아름답지만 그중에서도 한국의 자기에서는 우아하면서 소박한 아름다움을 느낀단다. 나는 그게 우리 민족의 정신이고 '멋'이라고 생각해.

최순우의 《무량수전 배흘림기둥에 기대서서》는 바로 우리 민족의 '멋'이 무엇인가를 잘 설명해 주는 책이야. 미술사학자인 저자의 한국 미술에 대한 안목이나 깊이는 물론이고, 글 또한 작품이라고 할 수 있을 정도로 유려하단다.

아빠는 이 책을 너무 좋아해서 네 이모들에게도 한 권씩 선물했을 정도였단다. 너도 이 책을 읽고 나면 우리 미술에 대한 안목이 높아지는 것은 물론이고, 글의 품격도 배울 수 있을 거야.

우리 삶과 조화를 이루는 한국 미술

최순우는 한국 미술이 한국인의 삶의 표현이라고 이야기해.

> 쌓이고 쌓인 조상들의 긴 옛이야기와도 같은 것, 그리고 우리의 한숨과 웃음이 뒤섞인 한반도의 표정 같은 것, 마치 묵은 솔밭에서 송이버섯들이 예사로 돋아나듯이 이 땅 위에 예사로 돋아난 조촐한 버섯들, 한국의 미술은 이처럼 한국의 마음씨와 몸짓을 너무나 잘 닮았다. 한국의 미술은 언제나 담담하다. 그리고 욕심이 없어서 좋다. 없으면 없는 대로 있으면 있는 대로의 솜씨가 꾸밈없이 드러난 것, 다채롭지도 수다스럽지도 않은, 그다지 슬플 것도 즐거울 것도 없는 덤덤한 매무새가 한국 미술의 마음씨이다.

저자가 꼽는 우리 민족의 첫째가는 아름다움은 한국의 건축미야. 한국의 주택은 일본의 주택처럼 기교를 부리거나 인위적이지 않고, 중국의 주택처럼 장대함을 자랑하지도 않는다는 거지. 한국

의 주택은 조촐하고 의젓하며 한국의 자연풍광과 일체를 이루고
있다고 하는구나.

저자가 극찬한 영주 부석사나 법주사의 오묘한 풍광, 진도의 소
치 미술관 등을 보면 문외한인 우리 눈에도 건축과 자연과의 조화
가 무엇인지 알 수 있을 거야. 건물들이 자연의 일부분으로 조화를
이루고 있거든. 요즘의 건축물을 전통 건축물들과 비교하면 조화
가 무엇인지 더욱 선명하게 확인할 수 있지. 너도 버스를 타고 지방
을 여행할 때 논 한가운데 볼품없이 들어선 아파트 건물들을 봤을
거야. 참 생뚱맞다는 생각이 들지 않았니?

반드시 찾아야 할 우리의 멋

저자는 건축물 외에 한국의 미술품 가운데 가장 한국적인 것으로
도자기를 꼽고 있어.

길고 가늘고 가냘픈 그리고 때로는 도도하기도 하고 슬프기도, 따
스하기도 하고 부드럽기도 한 곡선의 조화, 그 위에 적당히 호사스
러운 무늬를 안고 푸르고 맑고 총명한 푸른 빛 너울을 쓴 아가씨,
이것이 고려의 청자다. 의젓하기도 하고 어리숭하기도 하면서 있는

대로의 양심을 털어놓는 것, 선의와 치기와 소박한 천성의 아름다움, 그리고 못생기게 둥글고 솔직하고 정다운, 또 따뜻하고도 희기만 한 빛, 여기에는 흰옷 입은 한국 백성들의 핏줄이 면면이 이어져 있다. 이것이 조선시대 자기의 세계이며 조선 항아리의 예술이다.

한국미가 가진 또 하나의 특징은 조각에서 나타나. 삼국시대 이래로 한국인은 조각에 남다른 재능을 보여 왔어. 백제의 조각품들은 일본에 수출되어 일본인들에게 찬탄의 대상이 되었지. 나라奈良 호류사法隆寺에 있는 백제 관음의 신비로운 아름다움은 일본인들로 하여금 사심 없이 그 앞에 엎드리게 했단다. 신라 석굴암의 조각들과 금동 반가상은 고고한 아름다움을 뽐내고 있고 말이야.

저자는 우리의 회화가 보여주는 한국의 '멋'에 대해 이렇게 설명하고 있어.

기교를 넘어선 방심의 아름다움, 때로는 조야한 느낌을 주기도 하지만 이러한 소산한 감각은 한국 회화의 좋은 작품 위에 항상 소탈한 아름다움으로 곁들여져 정취를 돋우어 준다. 정선. 이암. 이정. 조속. 신세림. 신사임당. 김수철. 김홍도. 임희지. 최북 등 역대의 작가 계보 속에서 우리는 공통적인 소방과 야일, 생략과 해학미 등의 독자적인 감각을 간취할 수 있다. 이러한 미의 계보는 장식적으로

발달한 일본 그림이나 권위에 찬 중국 그림과 좋은 대조가 되는 것
이며 도자 공예에 나타나는 한국미의 계열은 이러한 조선 회화의
미와 크게 다를 것이 없다.

그런데 이런 수많은 아름다움들이 우리 고향을 떠나서 외국에
서 피난살이를 하고 있어. 일본이 식민지 시절에 약탈한 미술품은
수를 헤아릴 수 없을 거야. 우리 세대가 늦었다면 너희들이 반드시
되찾았으면 하는구나.

저자는 한국 전통미의 '멋'은 우리 생활에도 지표가 되어야 한
다고 강조하고 있단다. 그리고 서양의 '멋'은 우리 것이 될 수 없
다는 것을 우리 전통미와 비교하면서 잘 설명해주고 있지. 무엇보
다 한국과 미술에 대해 저자가 다음과 같이 얘기한 부분을 꼭 소
개하고 싶구나.

한국은 과거의 나라가 아니다. 면면히 전통을 이어온, 그리고 아직
도 젊은 나라이다. 미술은 망하지도, 죽지도 않았으며, 과거의 미
술이 아니라 아직도 씩씩한 맥박이 뛰고 있는 살아있는 미술이다.

우리 후손들에게 남겨진 숙제는 이런 조상의 '멋'을 우리 생활
과 일치시키고, 그것을 발전시키는 것이 아닐까.

5장

종의 기원
사랑의 기술
무량수전 배흘림기둥에 기대서서
삼국지, 플루타르크 영웅전, 손자병법
장자

논어
낭송의 달인, 호모 큐라스
맹자

삼국사기

허클베리 핀의 모험 80일간의 세계 일주
젊은 베르테르의 슬픔

인간불평등 기원론, 사회 계약론
니코마코스 윤리학
구토, 탈출기

우리를 둘러싸고 말하는 고문서들
수레바퀴 아래서
하비자, 정관정요
데미안

로마 제국 쇠망사
그리스 신화와 이야기, 그리고 천일야화

정신분석 입문

세상은 넓고
배움은 끝이 없다

좁은 학교의 울타리를 넘어 멀리 나아가려는 너에게

아는 만큼
넓어지는 세상

::

얼마 전 유투브에서 전 세계 사람들이 다양한 언어로 한국의 가요
를 따라 부르는 동영상들을 봤단다. 그리고 동영상 속의 수많은 사
람들이 서툴게 우리 노래를 따라 부르며 즐거워하는 모습에서 격
세지감을 느꼈어. 1970년대만 해도 미국이나 유럽에서 만난 사람
들 가운데 한국을 아는 경우는 거의 없었거든. 설령 한국에 대해
안다고 하더라도 북한과 남한을 구분하지 못하는 경우가 상당수였
지. 그러나 이제 한국은 세계 10대 무역국이고 수많은 세계인들이
한국 영화와 음악을 즐긴단다. 김용 세계은행 총재도 "내가 세계
어디를 가든지 사람들은 한국에 대해 물어 본다"고 했지. 세계 구
석구석에서 한국 제품이 쓰이고 있고, 아무리 한국에서 먼 곳이라

도 그곳에 진출한 한국인을 만날 수 있어.

그런데 이렇게 한국 문화와 한국인들이 전 세계로 뻗어나가는 데 비해 우리의 국제적 식견은 그에 미치지 못하는 것 같구나. 김용 총재는 "한국의 젊은 세대가 미래를 준비하려면 문화에 대한 경험과 언어 능력이 필요하다"고 했어. 다양한 외국어 능력뿐만 아니라 정치, 경제, 문화 등 각 분야에 정통한 전문가를 키워야 한다는 거지. 단지 영어 시험 점수가 높은 게 아니라 진정으로 국제적인 감각을 갖춘 젊은이가 많지 않다는 것은 장차 심각한 문제가 될 수 있을 거야.

너와 함께 해외여행을 자주 다녔던 것도 보다 넓은 세상을 함께 보며 다양한 문화들을 이해시키고 싶어서였단다. '백문이 불여일견'이라는 말도 있잖아. 빠듯한 일정이었지만 방문한 나라의 역사와 문화를 알기 위해 박물관에도 꼭 들렀고 평범한 뒷골목도 함께 걸었지. 그러다 들른 식당에서는 네가 직접 주문한 요리를 나눠 먹기도 했고 말이다. 관광지들을 소개해 주는 방송으로만 봐서는 느낄 수 없었던 생생한 경험이었어.

그래서인지 한국으로 돌아 와 네가 덜컥 내 책장에 꽂혀 있던 《옥스퍼드 영국사Oxford History of Britain》와 《튜더스Tudors》와 같은 영문판 역사책을 집었을 때는 깜짝 놀랐단다. 여행에서 환전 때문에 고생했던 경험 덕분인지 유럽의 환율을 유심히 보는가 하면 국제 뉴

스나 경제 잡지 등에도 관심을 가지고 기웃거리더구나. 여행으로
너의 세계가 많이 넓어진 것 같아 기뻤단다.

아들아, 너는 이런 책을 읽어라

로마는 하루아침에 이루어지지도, 하루저녁에 멸망하지도 않았다

에드워드 기번의 《로마제국 쇠망사》

어떤 문화나 지역에 대해 알려면 그 뿌리가 되는 역사를 알아야 한단다. 유럽의 뿌리는 로마라고 할 수 있지. 그래서 이번에 소개하는 책은 바로 로마 역사에 대해 들려주는 《로마제국 쇠망사》야.

로마는 과거 유럽의 대부분을 1,000년 이상 지배했던 제국으로 오늘날 유럽의 모든 문화가 로마에 기원을 두고 있다고 해도 과언은 아닐 거야. 처칠도 이 책을 읽고 또 읽으면서 평생의 교훈으로 삼았다고 해. 아이작 아시모프도 자신의 작품인 《파운데이션》 시리즈의 집필 동기로 이 책을 꼽았지.

이 책의 저자인 에드워드 기번Edward Gibbon은 영국의 역사가로 어린 시절부터 책을 좋아했다고 해. 그런 경험이 걸작을 집필하는 데 바탕이 된 거지.《로마제국 쇠망사》는 역사학을 넘어 당대 다양한 분야에 많은 영향을 끼쳤고, 또 그만의 화려한 문체로도 널리 사랑을 받았어.

나는 이 책을 대학생 때 읽었는데 로마 귀족들의 사치에 대한 이야기가 아직도 기억에 남는구나. 중국에서 수입되는 실크 한 파운드의 가치가 로마에서는 은 한 파운드와 같았다는 내용이었거든. 최근에는 로마제국을 배경으로 하는 소설이나 영화, 드라마가 많이 나와 있어서 로마 역사를 쉽게 접할 수 있지. 하지만 작은 반도에서 시작해 대제국으로 성장하고, 다시 쇠락하는 장구한 과정을 차근차근 되짚어보는 글을 읽어 나가며 대학자의 깊은 통찰을 곱씹어 보는 건 영상을 보는 것과는 또 다른 재미일 거야.

로마의 발전

로마가 전성기를 맞게 된 때는 카르타고와의 전쟁에서 승리하고 지중해를 지배하면서부터란다. 스키피오Publius Cornelius Scipio 장군이 한니발의 침입을 저지하면서 발전의 기틀이 마련된 거지. 이후 카이사르가 갈리아 지방과 이집트를 점령하면서 로마제국의 기틀이 완성되었단다. 그리고 카이사르의 뒤를 이어 아우구스투스Augustus가

정권을 잡게 되면서 광대한 로마제국을 다스릴 수 있는 행정체제가 다듬어졌지. 너도 "모든 길은 로마로 통한다"라는 말을 들어 본 적이 있을 거야. 이렇게 정비된 로마의 법과 도로는 '로마의 평화'를 유지하는 데 결정적인 역할을 했어.

역사를 살펴보면 올라갈 때가 있으면 내려갈 때도 있기 마련이야. 로마도 예외는 아니어서 그 찬란함이 영원할 것 같았지만 결국에는 멸망하고 말았단다. 그래서 많은 학자들이 로마가 왜 멸망했는지에 대해 연구했지.

로마 최후의 날

이 책에서는 로마 쇠망의 원인으로 우선 지도자들의 무능과 폭정을 꼽고 있어. 네로Nero나 코모두스Commodus와 같은 폭군들이 그 대표적인 사례라고 할 수 있지.

쇠망을 더욱 재촉한 것은 게르만족의 대이동이야. 훈족이 침략하면서 게르만족인 서고트족 등이 로마로 진출했거든. 이들의 이동으로 로마제국의 변경은 로마인이 중심이 아니게 되었고, 게르만족과 싸우는 데 공을 세운 군인들이 정치에 개입하면서 국정은 혼란스러워졌어. 영토가 늘어나 경계선이 그만큼 길어진 것도 한 요인이었지. 여기에 기독교가 민심을 자극해 더욱 큰 혼란을 주고 말아. 결국 서로마는 게르만인 용병대장 오도아케르Odoacer에 의해 멸망했고 동로마도 오스만튀르크의 침략으로 쓰러졌단다.

흔히 이후 유럽은 중세라는 암흑기를 맞았다고 하지. 로마가 다시 회복된 시기는 르네상스Renaissance에 이르러서이고 말이야. 르네상스는 그리스와 로마로 다시 돌아가자는 뜻이거든.

너는 이런 생각에 대해 어떻게 생각하니? 아무리 로마가 찬란했다고 하지만, 로마 이후의 시대인 중세가 과연 암흑기였기만 했을까? 분명한 것은 중세 이후의 유럽 역사가들은 로마를 자신들이 돌아가야 할 고향처럼 생각했다는 거지. 그래서 로마의 쇠망에 초점을 맞추고, 로마시대와 결별한 중세를 부정적으로 바라봤을 거야.

《로마제국 흥망사》가 어렵다면 《한 권으로 읽는 로마제국 쇠망사》부터 차근차근 시작해 보는 것은 어떨까? 가나모리 시게나리森誠也가 《로마제국 흥망사》를 편역한 책인데 중학생들도 재미있게 읽더구나.

지도자에게 필요한 자질은
무엇일까?

마키아벨리의 《군주론》, 한비자의 《한비자》, 위징의 《정관정요》

위기 상황을 맞아 사회가 불안해지면 사람들은 지도자의 자질에서
부터 위기의 원인을 찾곤 한단다. 그만큼 어떤 조직을 이끄는 자리
는 우리가 생각하는 것 이상으로 막중한 책임감이 요구되지. 아이
들은 막연하게 자신의 장래희망으로 어떤 형태이든 리더를 꿈꾸고
있지만, 설령 지도자가 된다고 하더라도 훌륭한 지도자가 되는 것
은 쉽지 않은 일이야. 지금부터 소개할 게 바로 지도자의 자질에 대
해 다룬 책들이란다.

사자의 용맹함과
여우의 지혜를 동시에 갖춰라

지도자와 관련된 책들 가운데 가장 대표적인 도서는 마키아벨리 Niccolo di Bernardo Machiavelli의《군주론》일 거야. 플라톤의 철인정치가 이상론이라면 마키아벨리의《군주론》은 현실 정치이론이야. 마키아벨리는 분열된 상태인 조국 피렌체에 프랑스, 독일, 스페인, 터키 등의 강대국들이 개입해 정치 불안이 심화된 상태를 걱정했어. 마키아벨리의《군주론》은 이러한 상황에서 약소국 군주가 어떻게 정치를 해야 하는가를 논의하는 책이란다. 지금 우리나라가 처한 입장과 비슷하다고 할 수 있지.

마키아벨리는 군주가 "사자의 힘과 여우의 교활함"을 모두 갖고 있어야 한다고 주장해. 군주의 자질과 능력은 그가 권력을 유지하고 이를 통해 국가의 안위와 질서를 지킬 수 있느냐에 달려 있다는 거야. 의사의 성품을 보고 의사의 좋고 나쁨을 판단하지 않듯이 마키아벨리에게 군주를 평가하는 기준은 얼마나 국가를 잘 유지시키는지에 대한 역량이야. 백성의 안위를 지키고 잘 살게 한다면 군주의 도덕성은 문제가 되지 않는다는 거지. 이른바 권모술수의 정치가가 되어야 한다는 주장이야.

하지만 군주가 도덕적인 자질을 모두 갖고 있는 것처럼은 보여야 해. 국민의 신뢰를 얻기 위해 이미지를 잘 관리해야 하기 때문이지. 그리고 군주는 국민에게 두려움의 대상이 되어야 한다는 게 마키아벨리의 주장이야. 그가 생각하는 인간이란 극도로 이기적이므로 자신에게 유리한 기회가 생길 때마다 은혜에 대한 보답을 저버리기 쉬운 존재야. 따라서 처벌에 대한 공포는 국정을 안정적으로 유지하는 데 항상 효과가 있다는 거야.

마키아벨리가 말하는 군주에게 요구되는 미덕virtue이란 도덕이나 이상보다 현실적인 전략이야. 군주의 첫 번째 임무는 국가의 안위를 지키는 것이기 때문이지. 우리나라 대통령도 취임할 때 '나는 대통령으로서 국가의 안위를 보위하고'라고 국민에게 선서하거든. 국가가 없이는 국민도 없고 군주도 없기 때문이야.

너는 이런 마키아벨리의 주장에 대해서 어떻게 생각하니? 리더에게 필요한 덕목 가운데 영민하고 냉철한 지성 외에 반드시 필요한 게 또 있지는 않을까?

권위는 신상필벌의 공정함에서 나온다

중국의 춘추전국시대는 각국이 국력을 강화하기 위해 유능한 학자들을 초빙하려고 혈안이 되어 있었던 때야. 그 시대의 말미를 살았던 한비자韓非子는 말을 더듬어서 출세는 하지 못했지만 글을 썩 잘 썼다고 해. 진시황제秦始皇帝도 한비자의 글을 읽고서 "내가 이 사람을 만나 사귈 수 있다면 죽어도 여한이 없겠다"라고 했을 정도였다고 하지.

한비자의 친구 가운데에는 순자 문하에서 동문수학한 사이인 이사李斯가 있었는데, 말재주가 뛰어나 진나라에서 재상의 자리까지 올랐지. 한비자는 시황제에게 등용되려던 참에 이사의 음모에 의해 죽고 만단다. 한비자는 뛰어난 재능 때문에 이사의 시기를 샀던 거야. 그러나 한비자의 '법가 사상'은 진나라에 뿌리를 내려 진시황제가 진나라를 운영하는 데 지배적인 사상이 되었단다.

《한비자》는 바로 한비자의 사상을 집약해 정리한 책이야. 이 책에서 한비자는 인간이란 이해타산적인 본성을 갖고 있기 때문에 자신에게 이득이 있어야만 일을 한다고 봐. 따라서 상과 벌을 엄격하게 적용하는 것이 국가 통치의 기본이라고 주장해. 신하가 된 자는 형벌을 두려워하고 포상을 이롭게 여기기 마련이지. 그런 까닭에 임금이 직접 벌과 상을 주면 신하들은 그 위엄을 두려워해 순종하게 된다는 거야.

한비자는 이런 상과 벌을 공정하게 내리는 것이 무엇보다 중요하다고 강조해. 친한 사람이라고 열심히 일하지 않는데 상을 주고, 친하지 않은 사람이라고 열심히 일하는데 상을 내리지 않으면 아

무도 열심히 일하지 않겠지? 마찬가지 이유에서 사람을 등용할 때
도 친분이나 원한을 가리지 말아야 해. 이에 대해 한비자는 다음과
같이 말하고 있단다.

> 진나라 평공이 조무에게 물었다. "중모 땅의 현령으로 누가 적임자
> 인가?" 이에 조무가 답했다. "형백자가 좋겠습니다." 평공이 놀라
> "형백자는 그대의 원수가 아닌가?" 하고 물으니 조무는 "저는 사
> 사로운 감정으로 공적인 일을 처리하지 않습니다"라고 대답했다.

또한 상과 벌은 지도자만이 행사할 수 있어야 해. 상과 벌을 줄
수 있는 권력이 있어야 밑의 사람들을 다스릴 수 있기 때문이지. 상
벌의 집행 권한에 대해 한비자는 다음과 같이 말하는구나.

> 크기가 한 자 밖에 안 되는 나무라도 높은 산 위에 세우면 천 길 깊
> 은 골짜기를 내려다 볼 수 있다고 했다. 그것은 나무가 크기 때문이
> 아니라 그 위치가 높기 때문이다. 간혹 어리석은 자가 어진 이를 아
> 래에 두고 부리는데, 그건 권력이 있기 때문이다. 그러므로 덕이 높
> 고 지식이 있다 하더라도 지위와 권세가 없으면 공을 세울 수 없다.

아무나 상벌을 내릴 수 있으면 백성들이 지도자의 말을 듣지 않

을 거야. 백성을 다스릴 수 있는 권세가 없어지는 거지. 따라서 상과 벌을 줄 수 있는 사람은 군주 한 사람이어야 하고, 부하가 그 권세를 행사하게 내버려두어서는 안 돼. 옛날에 어떤 간교한 신하가 왕에게 "벌은 제가 주고 제가 욕을 먹겠습니다. 대신 임금께서는 상만 주시고 칭찬을 받으십시오"라고 했다고 해. 어리석은 왕이 그 말 그대로 실천했더니 나중에는 모든 신하들이 왕의 말을 듣지 않고 그 신하의 말만 듣게 되더라는 거야. 결국 왕은 제위에서 물러나고 대신 벌을 준 신하가 왕이 되었다고 하지.

한비자가 이 책에서 주장하는 것은 바로 사람을 다스리는 법이야. 그리고 그 바탕에는 사람이 무엇으로 움직이는지 그 본성에 대해 날카롭게 꿰뚫어본 통찰력이 있단다.

아들아, 너는 한비자의 주장에 대해서 어떻게 생각하니? 역사를 살펴보면 상과 벌을 엄정히 내리고 사람을 등용할 때는 사사로운 감정을 개입시키지 않아야 한다는 조언은 실행하기가 쉬운 듯 참 어려운 것 같구나.

현명한 지도자는 널리 듣는다

우리는 중국과 역사적 갈등을 오랫동안 겪었기 때문에 중국에 대해서 잘 못 알고 있는 것이 많아. 특히 고구려와 당나라와의 전쟁 이후 당나라와 당 태종에 대한 폄하가 우리 안에 도사리고 있는 건 아닌가 싶구나.

하지만 중국 역사에서 문화가 가장 활짝 꽃피워진 시기는 당나라 때였다고 하는구나. 그중에서도 당 태종은 중국 역사상 가장 위대한 군주로 추앙받고 있단다. 당 태종의 시대를 '정관의 치'라고 해서 모범적인 정치가 행해진 시대로 평가하고 있기도 하지.

이제부터 소개하는 책은 바로 당 태종의 시대를 기록한 오긍吳兢의 《정관정요》야. '정관貞觀'은 태종의 연호이고 '정요政要'는 정치의 요체라는 뜻으로, 태종과 신하들의 대화와 토론으로 구성된 책이란다.

《정관정요》는 동아시아의 많은 위인들에게 참고가 되었다고 하더구나. 대표적으로 도쿠가와 막부를 세운 도쿠가와 이에야스德川家康도 후손들에게 《정관정요》를 읽으라는 유언을 남겼다고 해. 김영삼 전 대통령도 이 책을 애독했다고 하지.

《정관정요》에서 태종은 통치의 기본 원리란 군주가 바르게 처신하는 데 있다고 말하고 있단다. 군주가 화려함과 사치를 경계하고 백성의 어려움을 생각하는 생활 태도를 유지한다면 나라는 저절로 다스려진다는 거지.

또한 태종은 "현명한 군주는 널리 듣고, 어리석은 군주는 한 부분만을 듣는다"는 말로 정치란 군주 혼자 할 수 없다는 것을 강조하기도 했단다. 군주의 독선을 경계한 거지. 2차 세계대전에서 독일이 패망한 주요 원인 가운데 하나도 지도자 히틀러의 독선이었단다.

그렇다면 지도자가 정치를 잘 하기 위해 어떻게 널리 들어야 한다는 것일까? 태종은 좋은 신하를 곁에 두고 그들의 쓴 소리를 들어야 한다고 말해. "군주와 신하 사이는 물고기와 물의 관계와 같소. 짐을 두려워하지 말고 숨김없이 정치의 득실에 관해 지적해주기 바라오." 군주가 듣기 좋은 말만 들으면 정치가 잘 될 수 없다는 거야.

태종은 군주 혼자서 국사를 처리할 수 없는 이유에 대해 다음과 같이 설명하고 있어. 수隋나라 문제文帝가 성실하게 국사를 처리해 어떤 때는 해가 서산에 기울어질 때까지 쉬지 않고 일했다는 이야기에 대해 반박하는 내용이야.

그 사람은 지나치게 꼼꼼해 사리에 밝지 못하오. 사람이 지나치게 꼼꼼하면 사물에 대해 여러 가지 의심이 생기는 법이오. 일의 크고 작음을 가리지 않고 모두 직접 처리해 결정했으니, 비록 몸과 마음이 모두 피곤하리만큼 바쁠지라도 합리적으로 일을 처리할 수는 없었소. 조정의 신하들은 그의 마음을 익히 알고 있었으므로 직접 간언하지 못했던 것이오. 관리들은 수 문제의 뜻에 따랐을 뿐이오. 천하는 넓고 온갖 일이 일어나므로 실제 상황에서 출발해 처리해야 하오. 모든 일은 문무백관에게 맡겨서 상의해야 하며, 재상이 대책을 세워 타당성이 있다면 주청해 시행할 수 있소. 하루에 처리해야만 하는 일이 수만 가지나 되는데 어찌 한 개인이 생각하고 결정할 수 있겠소.

군주 혼자 모든 일을 처리할 수 없기 때문에 권한을 나누어야 한다는 거지. 또한 태종은 신하들과 토론을 즐기고 직간을 유도했어.

요즘 아랫사람들이 나의 뜻에 영합해 무조건 '네'라고 할 뿐 내 말에 대해서 직언하거나 간언하는 말 한 마디가 없으니 어찌된 일이요. 조서를 관활하고 문서를 시행하는 일이 이렇다면 어찌 수고롭게 인재를 선발해서 중임을 맡길 필요가 있겠소. 이후로 황제가 내린 조서 가운데 부당해서 실행할 수 없는 부분이 있으면 반드시 의견을 견지하도록 하고, 잘못되었음을 알면서도 두려운 마음이 앞서 침묵을 지키는 일이 없도록 하오. 그대들이 바른 말로 솔직하게 간언하면 나라의 정치에 도움이 될 수 있소. 나는 결코 그대들이 나의 뜻을 거스른다고 벌주거나 질책하는 일은 없을 것이요.

아빠는《정관정요》를 읽으며 태종의 말들이 모두 크게 와닿았단다. 우리는 살다 보면 그 자리가 크든 작든 한 번쯤은 남 앞에 서는 기회가 있기 마련이야. 그때 우리가 가져야 할 태도가 이런 게 아닌가 하는 생각이 들었지. 꼭 지도자가 아니라도, 타인의 말을 들을 줄 모르고 자신이 답을 정해 놓고 듣고 싶은 얘기만 들어서는 어른이 될 수 없단다. 우리 사회가 불안한 까닭은 이렇게 덜 자란 어른들이 보고 싶은 것만 보면서 적당히 덮고 외면해서인지도 몰라.

우리는 왜 정치를
믿지 못게 되었을까?

존 로크의 《통치론》, 윌리엄 샤일러의 《제3제국의 흥망》

네가 고등학생이 되면서 '어른들의 세계'를 혐오스러워 하는 발언을 조금씩 하더구나. 특히 매일 같이 싸우는 국회의 모습을 보면서 너는 냉소와 경멸을 감추지 않았지. 나 또한 각종 비리와 네거티브 공세로 얼룩진 선거, 국익보다는 당파의 이익을 앞세우는 투쟁의 장이 된 국회를 보면서 네가 민주정치 자체에 대해 회의를 품게 될까 봐 걱정스러웠단다.

얼마 전 선거철을 맞아 한창 어수선할 때였을 거야. 그때 네가 정치 분야의 고전을 읽음으로써 민주정치에 대한 바른 이해를 갖게 되길 바랐단다. 지금의 정치 문제를 고전과 연관시켜서 생각한다면 단순한 혐오에서 한 걸음 나아갈 것이라고 생각했기 때문이야.

민주주의란 무엇일까?

페리클레스Περικλῆς의 연설문을 읽은 적이 있었었는데, 링컨Abraham Lincoln의 〈게티스버그 연설〉 내용과 비슷해 놀랐었단다. 국민이 주인이라는 민주주의의 정신이 분명하게 나타나 있었거든. 투키디데스Θουκυδίδης가 쓴《펠로폰네소스 전쟁》을 보면 그 원문이 나온단다.

아테네의 정치체제는 책임이 소수에게 있지 않고 다수에게 골고루 나누어지는 공민 통치다. 그리고 개인적으로 분규가 생기면 모두가 법 앞에 평등한 대우를 받는다. 공직에 선출되는 것은 오직 개인의 능력에 따른다. 국가가 개인의 사생활에는 관여하지 않지만 국민은 법을 존중한다.

아테네는 개방적인 사회다. 온갖 물건이 빠짐없이 모이기 때문에 아테네인은 세상의 모든 물건을 마음대로 사용한다. 군사정책도 적과는 다르다. 문호를 활짝 열고 외인을 추방하지 않는다. 군은 장비나 책략보다 감투 정신이 중요하기 때문이다. 적은 어릴 때부터 강한 군사훈련에 시달리지만 우리는 자유롭게 지내다가도 일단 전쟁이 나면 용감하게 싸운다.

아테네인은 균형감각을 가지고 있다. 아름다움을 추구하면서도 사치로 흐르지 않고, 지혜를 사랑하면서도 유약함에 빠지지 않는다.

부자는 부를 자랑하지 않고 가난한 사람은 가난을 부끄러워하지 않는다. 각자 공적으로나 사적으로 자신의 일에 최선을 다하고 있다. 문제를 비판하고 동시에 그것을 올바른 방향으로 촉진시킨다. 비판이 실행을 방해한다고 생각하지 않고, 그렇다고 비판으로 치우쳐서 해야 할 행동을 소홀히 하는 일도 없다. 또 목적을 신중히 검토하고 과감히 단행하는 능력을 가지고 있다.

페리클레스는 고대 아테네의 정치가로 민주주의 사상을 기반으로 정적들에게 대항했단다. 정적인 키몬은 대중에게 먹을 것을 나누어 주고, 연로한 사람들에게는 의복을 나누어 주며, 자신의 집 울타리를 없애서 누구든 들어와 과일을 딸 수 있도록 해서 민심을 얻으려 했어. 요즘 말하는 '포퓰리즘'적인 방법인 거지.

반대로 페리클레스는 공금이 국민 모두에게 돌아가도록 공공의 연주회를 열고, 공공의 사업을 일으켜서 많은 사람들이 골고루 임금을 받도록 하며, 부조금을 나누어 주었단다. 지금 한창 이슈가 되고 있는 복지 정책에 대한 귀감으로 삼을 만하지 않을까?

오래 전에 그리스의 파르테논 신전을 구경했을 때의 기억을 잊을 수가 없단다. 세상에 이렇게 아름다운 모습도 있었구나 싶었거든. 그 파르테논 신전도 페리클레스가 지은 것이라고 하더구나. 언젠가 너와 함께 가 보고 싶다.

소수보다 다수가 현명하다

하지만 민주주의의 주인인 시민들의 자질에 대한 의심들도 만만치가 않구나. 이에 대해 아리스토텔레스는《정치학》에서 '왜 민주 정치가 좋은가'를 다음과 같이 설명하고 있어.

첫째, 누가 국가의 통치자가 되어야 하는가? 일반 대중, 부자, 자질이 훌륭한 사람, 뛰어난 능력의 소유자 중에서 누가 통치자로 적합할까? 아리스토텔레스는 소수의 훌륭한 사람보다 일반 대중이 최고 권력을 가져야 한다고 봐. 대중은 개인으로서는 자질이 훌륭하지 못해도 그들이 함께 모이면 소수의 유능한 사람보다 우수하기 때문이라는 거야. 이게 바로 민주정치의 기본 정신이란다.

우리의 현대사를 살펴보면 많은 사고가 있었어. 그중에 상당수는 천재지변이 아니라 사람의 부주의와 안이함으로 발생한 인재야. 삼풍백화점 때도, 대구 지하철 참사 때도, 그리고 세월호 사건과 같은 비극에서도 우린 소중한 사람들과 작별해야 했어. 그런 사고를 겪을 때마다 우리에게는 깊은 흉터가 졌지만, 사고는 끊이지 않고 반복되었지. 사고의 원인이야 어느 한 사람의 잘못만은 아니겠지만 그 책임을 누가 져야 하는지는 확실해. 우리 사회를 올바른 방향으로 이끌어야 하는 사람들이 국민을 무시하고 자신의 이권에만 집착하면서 놓치는 것들이 많아 이런 사고가 계속되는 거란다.

우리나라는 제도상으로는 민주주의체제를 갖춘 국가이지만 실제로는 '반쪽짜리 민주국가'야. 국가 권력이 정녕 국민에게 있는지 의문이 들기 때문이지. 진정한 민주 국가가 되기 위해서는 소수의 엘리트들에게 위임된 국가 권력이 모든 시민을 위해 잘 작동되는지 우리 모두가 감시해야 할 거야.

둘째, 일반 대중은 전문적인 식견이 없기 때문에 정확한 판단을 할 자격이 없지 않을까? 이와 같은 질문에 대해 아리스토텔레스는 분명하게 아니라고 대답해. 대중 개개인은 자질이 부족할 수도 있고 정의롭지 못할 수도 있어. 그러나 그런 개개인들이 함께 모여 대중이라는 하나의 집단이 되면 전문가보다 못하지 않다는 거야. 아리스토텔레스는 건전한 상식을 가진 대중은 전문가보다 훨씬 객관적인 평가를 할 수 있다고 봐. 똑똑한 한 사람의 생각보다 보통 사람 둘의 다양한 생각이 만든 합의가 더 낫다는 거지.

많은 지식인들이 은근히 대중을 어리석다고 낮춰 보는 성향이 있단다. 그들이 선의에서 하는 주장들 가운데에서도 '어리석고 보호를 받아야 하는 대중'이라는 전제가 깔려 있는 경우를 종종 볼 수 있어. 그렇다면 자질이 부족한 대중이 머리를 맞댔다고 전문가보다 과연 올바른 판단을 할 수 있을까? 전문적인 지식이 필요한 부분에 대해서는 그 분야에 대해 오랫동안 연구한 사람의 경험과 판단이 더 나을 수도 있을 거야. 하지만 대중의 이해가 걸린 공적인 문제를 논의할 때는 다양한 사람들이 쏟아 내는 다양한 의견들을 한데 모은 결과가 소수 전문가들의 분석과는 비교도 할 수 없을 정도로 무게가 있을 거야.

셋째, 대중이 정치 행위에 참여하지 못하면 국가가 대중의 저항에 부딪힐 것이기 때문에 민주 정치를 해야 한다는 거야. 정치란 대중의 요구를 해결하는 것인데, 정치가 소수의 요구를 충족시키는 것으로 끝나면 대중들에 의해 혁명이 일어난다는 거지.

우리 역사를 살펴봐도 대중의 요구가 충족되지 못하면 혁명이 일어난 사례를 많이 찾을 수 있어. 고려 왕조도 권력이 소수 귀족에게 집중되어 있고 농토도 소수 특권 계층이 점유하고 있었기 때문에 민란이 자주 발생했고, 이성계는 이러한 대중의 요구를 충족시키는 전제개혁을 단행하면서 왕조를 새로 세울 수 있었어. 조선시대에 와서도 귀족들의 전횡에 항거하는 민란이 자주 발생했고 말이야. 권력이 소수 양반들에게 집중되면서 탐학이 심해지고, 지역 간에도 차별이 생겨났기 때문에 홍경래의 난(1811)이 일어났고, 동학농민운동(1894)이 일어난 거야.

넷째, 공자나 플라톤이 말하는 것처럼 사람은 누구도 완전할 수가 없어. 인간은 누구나 한계를 가지고 있는 법이거든. 사람마다 요구하는 바도 달라. 그래서 정치는 각기 다른 요구를 지닌 다수의 이해관계를 조정하는 거야. 몇몇 우수한 사람이 은밀하게 결정할 일

아들아, 너는 이런 책을 읽어라

이 아니란 거지.

플라톤은 정치를 잘 할 수 있는 사람은 진리가 무엇인지를 아는 소수의 '철학자'이기 때문에 정치는 철학자가 해야 한다고 주장했어. 이른바 '철인정치' 이론이야. 반대로 아리스토텔레스는 대중의 합의에 의한 민주정치를 주장해. 대중의 판단이 소수 엘리트의 생각보다 옳다고 보기 때문이지. 너는 어떤 철학자의 주장이 마음에 드니?

모든 권력은 국민에게서 나온다

아리스토텔레스가 얘기한 시민의 권리는 17세기에 이르러 영국에서 꽃 피우게 된단다. 바로 청교도혁명과 명예혁명을 거치면서 의회 민주주의가 발전한 거지. 혁명에서 승리한 시민들은 1689년 〈권리장전Bill of Rights〉을 만들었어. 오늘날의 헌법과 같은 성격으로, 국왕이 함부로 시민을 체포하거나 구금할 수 없게 했고 의회의 승인 없이 세금을 징수할 수 없도록 했지. 〈권리장전〉에서 "국왕이 국회의 승인 없이 법률을 정지시키거나, 국회의 승인 없이 세금을 징수하는 것은 위법이다"라고 선언하고 있거든.

존 로크John Locke는 이러한 헌정민주정치를 제시한 영국의 철학자란다. 로크가 살았던 시대는 왕정국가체제였어. 당시 왕의 권력은 신으로부터 주어지는 것이기 때문에 누구도 건드릴 수 없는 신성불가침의 영역이었지. 이런 생각을 '왕권신수설'이라고 해. 왕권신수설에 의하면 국가의 모든 소유물은 왕의 것이야. 국민의 생명, 재산 등 모든 것이 왕에게 귀속되는 것이고 국민 개인의 소유물은 없는 거지. 왕은 자기 마음대로 사람들을 체포하고 세금을 물려서 개인의 재산을 착취할 수 있었어.

하지만 로크는 권력이 국민으로부터 나온다고 봤어. 이걸 '주권재민主權在民'의 원칙이라고 한단다. 주권재민의 원칙은 우리 헌법의 기본 정신이기도 해. 우리 헌법 제1조에서 '대한민국은 민주공화국이다. 모든 권력은 국민으로부터 나온다'라고 선언하고 있단다.

로크는 민주주의의 목적이 개인의 생명과 재산을 보호하는 데 있다고 주장했지. 그의 이러한 이론을 정리한 결과가 바로 《통치론》이야.

이 책에서 로크는 신이 인간에게 개개인의 소유권을 인정했다고 주장해. 자신이 일해 얻은 것은 자신의 소유라는 거지. 여기서 소유란 단순히 재산의 소유만을 의미하는 것이 아니고 생명, 재산, 자유도 포함해.

로크는 자연 상태에서 인간은 모두 자유롭고 평등하게 살았지만, 인간 개개인은 나약하기 때문에 자유와 평등이 위협받을 수도 있다고 봐. 따라서 인간은 자기보존을 위해 권력을 힘 있는 통치자에게 위임하게 되지만, 이는 단지 권력을 위임할 뿐이야. 권력의 주인은 국민의 것이기 때문이야.

자연 상태에서 인민들은 공동체 구성을 위한 사회계약을 체결해. 즉 인민과 권력자 간에 통치계약이 체결되는 거야. 통치계약은 신탁이라는 특징을 가져. 권력을 맡긴 사람이 보았을 때 권력을 위임받은 사람이 제대로 못하는 것 같으면 그 권력을 회수해 다른 통치자에게 다시 위탁할 수 있는 거야. 선거가 갖는 의미는 바로 이런 거지.

또한 로크는 권력이 부패하지 않게 견제와 균형을 이루어야 한다고 봐. 정부의 권력은 입법, 사법, 행정으로 구분되는 삼권분립의 체제로 구성되어야 한다고 생각한 거지. 그러나 삼권분립에서도 가장 중요한 기관은 입법기관이어야 해. 입법기관은 국가의 주인인 국민의 의사를 대변하기 때문이지.

로크는 민주정치가 발전하기 위해서는 다음의 절차를 따라야 한다고 말했단다. 첫째, 다수결의 원리가 적용되어야 해. 어떤 공동체든 그것을 움직이는 것은 오직 그 구성원들의 동의뿐이야. 그런데 각 단체는 각기 다른 방향으로 나갈 수밖에 없으므로 다수의 동의에 의해서 움직일 수밖에 없다는 거야. 둘째, 사람들이 국가를 구성하는 주된 이유는 재산을 보호하기 위한 것인데 사람들은 법에 자신의 권리를 위임했어. 따라서 입법권은 최고의 권력이 되어야 해. 셋째, 입법부에 의해서 정해진 법은 행정부에 의해서 집행돼. 입법권과 행정권은 분리되어 운영되고 말이야. 권력분립이 이루어져야 한다는 거지.

지금 네가 학교에서 배우는 우리의 정치체제와 매우 흡사하다고 느꼈을 거야. 오늘날 우리가 누리는 자유와 권리는 로크에 의해서 이루어진 '주권재민의 원리'와 '삼권분립의 원리'에 의해 정립된 것이라고 해도 과언이 아니야.

민주주의는 만능일까?

여기까지 읽었다면 민주주의는 만능일까, 만약에 국민들이 그릇된 판단을 내리는 경우는 없을까 하는 의문이 들 거야. 역사적으로 그와 같이 정치가 국민을 오도해 끔찍한 전쟁을 치르게 한 대표적인 표본이 있어. 바로 히틀러Adolf Hitler가 집권했던 독일의 제3제국이야.

그런데 이상하지. 나치Nazi에 의해 전체주의 국가로 전복되기 전의 독일에는 훌륭한 민주주의 헌법이 있는 바이마르 공화국Weimarer Republik이 있었어. 그렇다면 당시 나치가 어떻게 국민들의 절대적인

지지를 받으면서 권력을 얻었고, 어떻게 세계대전까지 일으켰는지에 대한 의문이 꼬리를 물 거야.

그에 대해 분석한 책이 지금부터 소개할 윌리엄 샤일러William Schirer의 《제3제국의 흥망》이야. 민주주의라는 정치 제도가 얼마나 허약한지를 잘 보여주는 대표적인 사례인 독일 제3제국을 분석한 책이지. 이 책을 읽었던 네 누나는 이런 독후감을 남겼었단다.

바이마르 공화국이 무너지고 나치당이 국가를 장악하는 과정에서 확인할 수 있는 건 바로 국가와 사회에 대한 믿음이 실종되었다는 게 아닐까. 국민과 정치인을 포함하는 모든 정치 주체들이 정치체제의 도덕성이나 실체에 대해 믿음을 갖지 않았던 것이다. 이런 현상에 대해서는 베르사유 조약이나 대공황과 같이 독일인들 밖에서도 원인을 찾을 수 있지만, 무엇보다 가장 근본적인 원인은 독일인들 스스로에게 있는 것일 게다.

입법부는 군소 정당들의 이익집단으로 변하면서 정상적인 정치 운영이 불가능하게 되었다. 최소한의 정책 운영도 불가능해지니 국가 정책은 비상명령이라는 비정상적인 형태로 운영되고, 정부와 입법부의 입지는 약화되는 악순환이 계속될 수밖에 없었다. 거기에 국민들은 민주주의 정부보다 기존의 독재체제를 선호했고 정부를 반대하는 집단에 지원했다. 결국 바이마르 공화국의 몰락은 '제대로 운영되지 못한 민주주의 제도' 때문이라고 볼 수 있다.

그리고 2차 세계대전이 진행되면서 독재체제가 정국을 장악하고 의사 결정이 폐쇄적으로 진행되는 과정을 거치면서 많은 정책들이 실패할 수밖에 없었다. 그러니 나치는 패망할 수밖에 없었을 것이다. 말년의 히틀러는 군사 문제를 결정할 때조차 군사 전문가들을 배제시켰다. 권력을 장악한 자가 독선적으로 국가를 운영한 것이다. 바이마르 공화국의 몰락이 민주주의 정치체제의 약점을 보여주는 것이라면, 나치 독일의 패망은 민주주의의 당위성을 보여주는 것이라고 할 수 있다.

민주적인 헌법이 있고 정부가 있어도 국민의 신뢰와 협조가 없다면 민주주의는 지킬 수 없어. 우리나라도 민주주의체제를 키워가면서 많은 우여곡절이 있었단다. 법으로 민주주의 정부가 세워지고 국민들의 피의 대가로 민주 정부가 회복되었지만 아직도 진정한 민주 정부가 완성되기에는 갈 길이 멀지.

우선 정치인이 이익집단의 대변인 노릇을 하고 있고, 지역별, 계급별, 이익단체별로 정치가 분열되어 있어. 여기까지 이야기를 들은 너는 바이마르 공화국의 실패가 이 땅에서 반복되는 것은 아닌지 걱정이 들겠구나.

무엇보다 가장 큰 위기는 우리들의 정치에 대한 무관심과 냉소야. 정당이 제 몫을 다하지 못하고 있다는 이유로 정치인뿐만 아니라 정치 자체를 불신하고 있는 상황이니까 말이야. "그놈이 그 놈이야"라는 것만큼 민주주의의 위기를 상징하는 말은 없을 거야.

아들아, 이런 상황에서 우리는 어떤 선택을 하고, 어떤 행동을 해야 할까.

독점과 분배,
그 중간의 타협점은 없을까?

《청소년을 위한 경제의 역사》와 《죽은 경제학자의 살아 있는 아이디어》로 보는 경제학

네가 태어났던 1990년대는 노조 파업이 중요한 사회 문제로 부각되고 있었던 시기였단다. 주로 임금 인상과 노동 조건에 대한 개선을 요구하는 것이었지. 그때는 사회 전체가 노조의 임금 문제로 뜨거운 찬반양론을 벌이고 있었어. 그 문제는 현재까지도 결론이 내려지지 못하고 계속 이어지고 있지.

언젠가 텔레비전에서 노조 파업을 다룬 뉴스를 보도할 때 우리 가족 모두가 이 문제를 가지고 열띤 토론을 벌였었던 걸 기억하니? 노동자들의 파업에 대한 의견으로 가볍게 시작된 토론은 빈부 격차로 이어지더니 성장을 통한 빈부격차의 해소를 주장하는 자본주의 이론이냐, 아니면 분배에 중점을 두는 사회주의 이론이냐에 대

한 이야기로 확대되었지.

그때 너는《애덤 스미스가 들려주는 보이지 않는 손 이야기》를 읽고 성장에 중점을 두어야 한다고 주장했고, 대학에서 사회학을 공부하는 네 누나는 마르크스와 엥겔스Friedrich Engels의《마르크스 선집》을 예로 들면서 분배에 중점을 두어야 한다고 열변을 토했지.

한눈에 보는 경제학의 역사

토론은 격렬했지만 한편으로 나는 네가 경제 문제에 대해 자신의 의견을 주장하는 게 무척 기뻤단다. 아무래도 너는 경제에 대해 기초부터 차근차근 누나만큼 공부한 건 아니었을 테니 그때 많이 힘들었을 거야. 그래서 나는 이번에 니콜라우스 피퍼Nikolaus Piper의 《청소년을 위한 경제의 역사》를 소개해 주고 싶구나. 경제의 역사를 알기 쉽게 풀어쓴 책이야. 중고등학생들에게《국부론》이나《자본론》은 버거울 거야. 하지만 피퍼의 이 책은 자유주의 경제학 이론이나 사회주의 경제학 이론의 성장 배경부터 발전 과정, 그리고 각 이론의 장단점을 쉽고 자세하게 설명하고 있단다.

예를 들어 그때 네 주장의 기반이 되었던 경쟁을 통해 국가의 부가 증가해야 된다는 애덤 스미스의 자유주의 경제학 이론도 이 책에서 쉽게 설명되어 있어. 또 누나가 인용했던 실업과 불황 문제를 해결하기 위한 마르크스의 사회주의 이론은 물론이고, 19세기의 세계적 불황을 극복하는 이론으로 등장한 케인스John Maynard Keynes의 수정 자본주의까지 모두 이 책에서 역사적 배경이나 실례를 들어서 설명하고 있단다.

애덤 스미스의 자유주의 경제학 이론

이 책에서 정리한 애덤 스미스의 주장은 개개인이 경쟁해서 얻어진 노력의 결과를 합하면 결국 국가의 총생산이 늘어난다는 거야. 즉 '보이지 않는 손'이 개인의 이기적인 욕심을 합해 전체 사회의 이익이 되게 한다는 거지. 기본적으로 인간은 모두 잘 살고 싶어 하는 욕구를 갖고 있기 때문이야. 국가가 이러한 개인의 이기적인 욕구를 도와주게 되면 결국 국가 전체의 경제도 증가하게 된다는 게 애덤 스미스의 주장이야.

애덤 스미스는 "우리가 저녁 식사를 할 수 있는 것은 푸줏간 주인이나 양조장 주인, 그리고 빵 제조업자들의 박애 덕분이 아니라 돈벌이에 대한 욕심 덕분이다"라고 말했단다. 그의 이론에 따르면 빈부 격차는 경쟁을 통한 부의 증가에 의해서 해결될 수 있어. 우리

속담에서 말하는 '곳간에서 인심 난다'는 뜻이지.

마르크스의 사회주의 경제학 이론

피퍼는 자본주의의 반대 이론인 사회주의가 등장하게 된 배경과
마르크스의 사회주의 경제학 이론에 대해서 다음과 같이 소개하
고 있어.

　마르크스는 봉건 사회가 무너지고 자본주의 사회가 되었듯이,
결국은 자본주의가 무너지고 사회주의가 승리한다고 주장해. 자본
주의 사회는 지배계급인 자본가가 피지배계급인 노동자를 착취하
는 구조이기 때문이지. 자본가가 노동자의 생산 대가를 착취하는
자본주의 경제체제는 경기가 악순환을 거듭하게 되는 구조적 모순
을 품고 있어. 그 결과가 실업인 거지. 그래서 노동자가 대동단결
해 '노동자의 적'인 자본가를 몰아내야 한다는 게 마르크스의 주
장이야.

　마르크스는 엥겔스와 함께 10가지 정책을 제시하는 《공산주의
선언》을 발표해. 바로 토지 사유의 금지, 누진 소득세제 실시, 상속
권의 전면 철폐, 반역자의 재산 몰수, 은행의 국유화, 교통과 통신
의 국유화, 국유 공장의 확대, 노동의 평등 의무화, 도시와 농촌 인

구의 구분 철폐, 무상 교육이야.

일리가 있는 주장 같은데 왜 마르크스의 이론은 실패했다는 얘기를 듣는 걸까? 마르크스의 사회주의 경제학 이론의 문제점은 헤겔Georg Wilhelm Friedrich Hegel의 유물사관에 의해 물질의 힘만을 강조하고 인간 정신의 중요성을 간과했다는 데 있어. 노동자들의 노동과 더불어 자본가의 상상력, 독창성, 경영 능력의 중요성을 고려하지 않은 거지. 마르크스는 자본주의가 멸망한다고 예언했으나 자본주의는 그 이론이 수정되어 발전했고, 오히려 몰락한 건 사회주의였어. 물론 한편으로는 마르크스의 사회주의가 아니었다면 자본주의는 수정되지 못했겠지.

이러한 경제학 이론들도 모두 시대 배경의 산물이란다. 사회주의 경제학 이론이 탄생하게 된 건 자본주의가 갖는 구조적 모순 때문이야. 사회학 분야의 이론은 어떤 것도 완전하지 않아. 각 이론마다 장단점이 있어. 그래서 어느 한 이론에만 매몰되어 그것만 맞고 다른 이론은 모두 틀리다고 부정하는 것은 독단적인 태도일 거야.

케인스의 수정 자본주의 이론

이제 케인스를 말할 차례구나. 아까 자본주의가 사회주의의 영향을 받아 수정되었다고 했지? 케인스는 자유주의 경제이론과 사회주의 경제이론의 장단점을 수정한 수정 자본주의 이론을 선보였단다. 케인스는 시장 중심의 자유주의 경제이론이 근본적으로 불황을 타개할 수 없다고 주장했어. 따라서 시장의 원리가 작동하지 않을 때는 정부가 개입해야 한다고 봤단다. 이 이론을 정책으로 채택한 루스벨트Franklin Delano Roosevelt 대통령은 뉴딜New Deal 정책을 펴서 미국의 실업 문제를 해결했어. 정부 주도의 대대적인 도로 공사와 댐 공사를 벌여 미국 경제를 회복시킨 거지.

20세기에 들어서면서 자본주의 경제체제는 원료 공급과 시장 확보를 위해 식민지 쟁탈전을 벌이게 되었어. 그게 결국 1차 세계대전으로 이어졌단다. 전쟁의 결과로 빚을 진 유럽은 미국 경제에 의존했지. 거기에 더해 프랑스와 영국이 패전국 독일에 엄청난 배상금을 물리자 독일은 파산할 수밖에 없었어. 독일의 파산은 연쇄적으로 독일에 돈을 빌려준 미국 경제에 영향을 미치게 되었고, 그 여파로 세계적인 규모의 대공황이 시작된 거야. 주가 폭락으로 주식을 사기 위해 돈을 빌렸던 개인이 파산하고, 돈을 빌려 주었던 은행도 파산했어. 그리고 공장이 문을 닫았고, 수많은 실업자가 생겨났지. 자본주의 경제체제가 파산한 거야.

케인스는 경제공황을 극복하기 위한 방안으로 정부가 시장에 개입해 공공 투자를 늘리고 수요를 창출해야 한다는 수정 자본주의 이론을 제창했어. 자유주의 경제학 이론의 근간인 '보이지 않는 손'은 불황에는 작동하지 않는다는 거지. 불황이 되면 기업도 가계도 소비나 지출을 하지 않기 때문이야. 이에 대한 케인스의 말을 들어볼까?

> 불황의 극복은 소비에 있다. 착실한 저축가가 악덕 기업보다 더 큰 해악을 경제에 끼친다. 개인이나 정부 부처가 소비를 줄일 경우 다음날 아침에 누군가는 실직 당할 것이다. 문제는 여기서 끝나지 않는다. 실업자가 된 사람은 소비를 줄일 수밖에 없다. 그 결과 그 다음날 아침에 또 다른 누군가가 실직자가 될 것이다.

그렇다면 케인스는 어떤 해결책을 제시했을까? 바로 '승수이론'을 통해 불황 극복의 논리를 제시했단다. 즉 한 사람의 소비량 변화가 눈덩이 불어나듯 주변으로 번지면서 국가 전체의 소비량에 처음의 몇 배가 되는 영향을 미친다는 거야. 말이 좀 어렵지?

예를 들어 A라는 주식회사가 화장실을 짓기 위해 100만 원을 투자한다고 가정해 보자. 그럼 국가 전체의 소비량이 100만 원어치가 증가하겠지? 여기에 참여한 건축가나 배관공, 미장장이, 실내장식가 등은 모두 급료를 받을 테고 말이야. 그리고 받은 돈의 일부는 저축하고 일부는 쓸 거야. 쓰는 곳이야 슈퍼마켓으로, 영화관으로, 음식점으로 다양하겠지. 이러한 소비의 순환은 계속될 것이고, 결국 100만 원의 투자 금액은 전체로 보면 수백 만원으로 증가할 거야. 만약 300만 원으로 증가한다면 승수는 3이 되겠지.

20세기의 경제학 또는 무역, 조세, 복지

한국이 눈부신 발전을 거두었다는 얘기를 했지만 그게 꼭 좋은 결과만을 가져온 건 아니야. 한국이 세계 10위권의 무역대국으로 발전하게 되면서 선진국과의 무역 마찰도 자주 일어났단다. 결국 2007년 미국과 FTA가 체결되었지. 그 과정에서 국내 이익집단 간의 갈등이 깊어졌고 국회에서도 극한 대립이 오랫동안 벌어지기도 했어. 그런 갈등은 우리 집 거실에서도 이어져 누나와 너의 토론 2차전이 벌어졌고 말이야.

이번에 소개하는 토드 부크홀츠Todd G. Buchholz의 《죽은 경제학자의 살아있는 아이디어》는 그때 토론의 주제였던 무역, 조세, 복지 등을 빠짐없이 다루고 있는 책이란다.

무역 마찰이 문제가 되면서 자유무역 이론과 보호무역 이론이 대립했단다. 이중에서 자유무역 이론에 대해 알아볼까? 자유무역 이론자인 애덤 스미스는 자유무역이 국가 상호간의 이익을 증가시킨다는 주장을 하고 있어. 그리고 데이비드 리카도David Ricardo는 '기회비용'에 근거한 비교우위론으로 애덤 스미스의 자유무역 이론을 계승했지. 이 책에서 설명하는 그의 주장에 따르면 무역 상대국의 생산능력이나 기술과 상관없이 자유무역은 두 나라 모두에게 이롭다는 거야. 자유무역체제에서는 기업이 국가경쟁력이 낮은 산업을 포기하고 경쟁력이 높은 산업을 취하지. 그리고 그 과정에서 자연스럽게 산업 구조의 개편이 이루어지면서 국민들은 더 적게 일하고 더 높은 생활 수준을 유지하게 된다는 이론이야.

다음으로 조세와 복지 문제를 볼까? 최근에 세금을 어떻게 부과할 것인가가 우리나라뿐 아니라 전 세계적인 문제가 되었지. 산업화 이후에 소득 격차가 심해지면서 격차를 줄이기 위한 수단으로서 세금이 중요한 문제로 떠오른 것이란다.

이를 위해 소득이 높은 계층에게 세금을 더 물리는 여러 가지 방안이 제시되었는데 대표적인 게 바로 '부자세'야. 부자에게 세금을 더 물려야 한다는 주장이지. 미국의 재벌인 워렌 버핏Warren Edward Buffett의 제안이기도 해. 버핏은 부자인 자신에게 세금을 더 물려야 한다고 주장했거든. 그러나 상당수의 부자들은 '부자세'를 피하기 위해 국적을 바꾸기도 한단다. 우리나라에서도 재벌들의 탈세가 큰 사회문제가 되고 있잖아. 세금 문제가 간단하지 않음을 보여주는 거지.

경제학에서도 이 문제가 쟁점이 되었어. 이 책에 따르면 존 스튜어트 밀John Stuart Mill은 세금의 종류를 두 가지로 구분했는데, 하나는 소득 수준에 관계없이 일정한 비율로 과세하는 비례세율이고, 다른 하나는 소득 수준에 따라서 세율을 달리하는 누진세율이야. 애덤 스미스는 누진세가 노동 의욕을 떨어뜨릴 것이라는 우려에서 비례세율을 주장했지. 그에 반해 밀은 일반 국민에게는 비례세율로 부과하되 빈민에게는 세금을 면제해 줄 것을 주장했어.

밀은 누진세가 일반 대중의 소득 증대 의욕을 떨어뜨리고, 고소득층의 탈세를 유도할 것이라고 봤어. 하지만 상속세는 그렇지 않다고 믿었지. 밀은 결과의 균등보다 기회의 균등을 주장하는 입장에서 부유층의 재산 상속은 기회의 균등을 허무는 것이라고 파악했어. 그래서 상속세 부과를 통해 기회의 균등을 실현하는 게 사회정의를 실현하는 길이라고 주장한 거지.

또한 밀은 빈민들에게 정부 보조금을 지급할 것을 제안해. 다만 빈민들 중에서 건강한 자에게는 일정량의 노동을 부과해야 한다는 조건이 붙지. 실제로 미국은 1988년에 〈근로복지법〉을 제정해 건강한 생활보호 대상자들에게 근로봉사나 직업훈련을 받도록 규정하고 있어. 정부 보조금을 무조건 주지는 않겠다는 거지.

우리 사회도 2010년 이후에 빈부격차 해소 방안으로 복지에 대한 요구가 확대되었어. 우리나라가 가난할 때는 생산에 집중할 수밖에 없었지. 국가의 산업이 발달하기 전에는 복지는 생각할 수 없는 일이었을 거야. 그러나 이제는 생산뿐만 아니라 분배를 생각할 시점이 되지 않았을까?

이에 따라 저소득층에 대한 정부 보조 또한 확대되고 있지. 그 중에 대표적인 게 '무상급식'이야. '노인복지' 또한 사회 문제가 되었어. 노인 인구의 증대로 국가의 재정 확대가 문제라는 거야. 복지를 어느 정도로 확대해야 될 것인지를 놓고도 갈등이 심화되고 있어. 일반 복지냐 선택적 복지냐가 논쟁의 핵심이지. 일반 복지와 선택 복지 모두 장점과 단점이 있을 거야. 이 둘 사이에 타협점을 찾을 수 있을까? 만약 타협점이 있다면 무엇일까?

불평등은
어디에서 비롯되었을까?

· ·

장 자크 루소의 《인간 불평등 기원론》과 《사회 계약론》

언젠가 경제적으로 넉넉하지 못한 친구의 사정을 알고 나서 너는 불평등한 사회에 대해서 고민했었지. 왜 똑같은 사람인데 누구는 잘 살고 누구는 못 사는가? 네가 이러한 의문을 갖기 시작하는 건 한 단계 성장했다는 의미일 거야. 네가 벌써 사회가 정의롭지 못하다는 비판을 하고, 평등한 사회를 만들 수 있는 방법은 없는가를 고민하는 나이가 되었다니 대견하구나.

평등에 대한 이상은 모든 인류가 가진 꿈이지만 아직도 해결되지 않은 문제란다. 사회가 발전하면서 법적으로는 평등해졌지만 아직도 빈부의 차이나 신분상의 차이가 존재하지. 장애를 가졌거나 귀화를 했다거나, 또는 일반인과 다른 성적 지향 등 다수와 비교

했을 때 소수자일 경우 사회생활을 하면서 많은 불편과 제약을 겪을 수 있단다. 또 직업과 학력의 차이가 신분의 차이로 이어지기도 하지. 절대 빈곤은 사라졌지만 상대적인 빈부의 차이가 아직도 존재하고, 경제가 발전하는 만큼 빈부의 격차는 더 벌어지고 있단다.

태초에 평등이 있었다

이러한 불평등의 문제를 다룬 사람이 바로 장 자크 루소Jean-Jacques Rousseau야. 루소 하면 '자연으로 돌아가자'부터 연상되지? 여기서 '자연으로 돌아가자'는 주장은 공기 맑은 곳으로 떠나자는 게 아니라 모두가 평등했던 원시 상태로 돌아가자는 거야.

루소는 인간이 불평등하게 된 이유가 무엇인지에 대해서는《인간 불평등 기원론》에서, 그리고 그 불평등을 해결하는 방법에 대해서는《사회 계약론》에서 설명하고 있어. 프랑스의〈인권선언문 Déclaration des droits de l'Homme et du citoyen〉은 루소의 사회계약론을 근거로 작성된 것이지.〈인권선언문〉에서는 인간은 태어날 때부터 독립적이고 평등하며 사회는 개인의 인권을 보장하기 위해 존재하는 것이라고 명시하고 있어.

이 책들에서 루소는 학문과 예술이 인간 사회를 타락시키고 있다고 보고 '자연으로 돌아가자'고 주장해. 인간의 본성은 선한데 인간이 만든 문명과 제도가 인간을 타락시키고 있다는 거지. 루소는 문명이 발달하면서 인간이 도덕적으로 타락했다는 근거로 이집트, 동로마제국, 페르시아, 스파르타, 아테네 등을 예로 들어. 그리고 문명 이전의 원시 사회에서 인간은 순수하고 행복했다고 주장하지. 그의 주장에 따르면 학문과 예술은 오히려 사람들의 용기를 죽이고 상상력을 마비시킨다고 해. 결국, 인간은 원래 선한 존재로 태어났으나 사회 제도에 의해서 사악하게 변한다는 거야. 노자와 장자도 이와 비슷한 주장을 했지.

불평등은 이렇게 시작되었다

루소에 따르면 인간은 원시 상태에서 집과 가족이 없어도 자유롭고 평화롭게 살았어. 그러나 농업이 시작되고 청동기와 철기를 사용하게 되면서 인간은 혼자 살 수 없게 되었지. 분업을 통해서 서로 의존하지 않을 수 없게 되었고, 그것이 역설적으로 지배자와 피지배자라는 정치적으로 불평등한 사회적 관계를 형성하는 원인이 된 거야. 그 과정에서 소유라는 관념이 생겨나게 되었고 사회가 가진 자와 못 가진 자로 구분되는 경제적인 불평등이 생겨난 거지.

그럼 왜 지배자와 피지배자로 나뉘었을까? 원시 상태에서 인간은 나약한 존재였어. 생존을 위해서 힘을 합쳐야 했지. 힘을 합하기 위해서는 각자의 임무와 역할을 정해야 했고 말이야. 그중에는 일을 지시하고 질서를 세우는 지도자도 있어야 했어. 그 지도자가 지배자가 되었다는 거야. 원시시대에는 족장과 제사장이, 종교가 지배하던 중세 사회에서는 왕과 성직자가 신의 대리인으로 지배자가 되었고 백성은 피지배자가 된 거지.

플라톤이나 아리스토텔레스는 인간은 태어나면서부터 지배자와 피지배자로 구분된다고 봤어. 그러나 루소는 인간이 태어날 때부터 지배자와 피지배자로 구분되지는 않는다고 주장해. 다만 사회제도에 의해서 지배자와 피지배자로 구분되었을 뿐이라는 거지. 예컨대 노예 제도 때문에 노예가 있게 되었다는 거야.

계약으로 맺어진 우리, 사회인

여기에서 제기되는 게 '정의로운 사회'야. 폭력에 의한 사회는 오래 지속되지 못해. 지배자가 힘을 잃으면 언제나 상황이 변화될 수 있기 때문이야. 지배자만 이득을 보고 피지배자는 손해를 보는 관계는 오래 지속될 수 없지. 정의로운 관계가 되려면 양쪽 모두에게 이익이 되는 관계라야 해. 사람들이 사회질서를 지키는 것은 그렇게 하는 것이 모두에게 이롭기 때문이야. 루소의 주장에 따르면 가족 관계 또한 부모와 자식 간의 합의에 의한 계약이야. 지배자의 권력도 피지배자에게 도움이 되지 않는다면 계약이 성립될 수 없어.

그럼 사회계약이란 무엇일까? 인간은 생존을 위해 사회를 구성하고 자신의 모든 권리를 사회에 위임해. 그 대신 사회는 구성원의 신체와 재산을 보호하고 개인의 자유를 보장해 줘야 하지. 권리를 사회 조직에 위임했지 한 개인에게 위임하지 않았기 때문에 구성원 모두는 사회 조직 속에서 서로 독립적이고 평등한 관계야. 사회계약은 인간이 모두 자유롭고 평등하게 살기 위해서 계약을 맺은 것을 가리켜. 따라서 인간은 체력이나 재능 등에서 태어날 때부터 불평등할 수 있지만 사회계약에 의해서 모두 법적으로 평등해.

우리 모두 주인으로 살아갈 권리, 법

그럼 법이란 무엇일까? 루소에 따르면 인간은 평등하게 태어났기 때문에 어느 누구에게도 복종할 필요가 없어. 다만 일반 의지에 복종할 뿐이야. 이에 대해 철인 정치를 주장하는 플라톤은 다른 생각을 가지고 있었지.

그럼 진정으로 법 앞에서 평등한 사회는 가능할까. 일찍이 이 문제를 놓고 플라톤은 불가능하다고 했고, 루소는 가능하다고 봤어. 루소와 플라톤의 주장을 요약하자면 다음과 같아.

플라톤 인간의 능력차는 부정할 수 없다. 인간은 태어나면서부터 지배자와 피지배자로 구분된다.

루소 인간의 능력차는 존재하지만 그것 때문에 인간을 지배자와 피지배자로 구분하지는 못한다. 사회는 다양한 능력을 가진 개인이 모인 공동운명체다. 공통의 선을 추구하기 위해 사회를 만들고 사회는 모든 인간에게 평등과 자유를 보장한다. 인간은 단지 일반 의지에게만 복종한다.

전체 의지는 모든 사람들이 가지고 있는 생각이야. 그런데 모든 사람들이 동의한 생각이라고 해도 그것이 공동체 전체의 이익에 위반되는 경우가 있어. 따라서 일반 의지란 전체 의지인 동시에 공동체 전체의 이익을 위한 거야. 예를 들어 파벌에 의해서 형성되는 전체 의지는 조직의 이익을 위한 것으로서 공동체 전체의 이익을 위한 일반 의지가 아닌 거지.

'주권은 국민에게 있다'는 말은 국가의 의지를 결정하는 최고 권력이 국민에게 있다는 말이고, 그것은 일반 의지를 의미해. 국민은 개인의 권리를 버리고 일반 의지인 주권을 소유하게 된 거지. 주권은 일반 의지의 행사이므로 결코 양도될 수 없으며, 주권자는 집합적인 존재이므로 그 자체에 의해서만 대표될 수 있어. 권력은 다른 사람에게 넘겨 줄 수 있지만 주권은 넘겨 줄 수 없는 거야.

그 주권을 문자로 기록한 게 바로 법이야. 따라서 법은 우리가 현실에서 가장 쉽게 찾아 볼 수 있는 일반 의지야. 법에 복종해야 하는 이유는 여기에 있는 거지.

그리고 국민은 법을 만들어야 해. 바로 지금 네가 냉소적으로 바라 본 우리의 입법부, 국회에서 말이야. 그러니까 법을 만드는 국회의원들은 정파를 초월한 일반 의지에 복종해야 할 거야.

·

고전을 통해
끝없이 성장하기를 바라며

·

아들아, 요즘 인터넷 댓글은 소통의 범위를 벗어나 막말 수준으로
변화하고 있더구나. 철없는 아이들의 도를 넘은 장난으로 보기에
는 성인들의 모습들도 크게 다르지 않다. 어른으로 모범을 보여야
하는 사람들도 깊이 생각하지 않고 함부로 말을 하고 있지. 국회
청문회에서 질문하는 사람이나 답변하는 후보들의 말을 듣다 보면
우리 사회를 대표한다는 사람들이 저 정도밖에 안 되는가 하는 회
의가 든단다.

　너도 언젠가 책임 있는 자리에 있게 되면 너의 말이나 행동 하
나하나가 얼마나 중요한지를 알게 될 거야. 말과 행동은 그 사람의
생각을 나타내는 거울이거든. 그리고 누군가의 생각은 그의 지식

의 깊이와 인격을 바탕으로 한단다. 흔히들 혼동하지만, 지식의 깊이란 학교 성적과는 상관이 없어. 오랜 시간에 걸쳐 좋은 책을 많이 읽고, 오래 생각하고, 그 생각을 실천하는 과정 속에서 형성되는 거지. 지식은 결코 하루아침에 완성되는 것이 아니란다. 탑을 쌓듯이 오래 공을 들여야 하는 거야.

아빠는 나이가 들어감에 따라서 안다는 게 무엇인지에 대해 다시 생각하게 된단다. 초등학생 때는 어른들이 가르쳐 주는 지식을 배우는 게 안다는 것이라고 생각했어. 중학교에 들어가서는 교과서를 외워 얻은 지식을 안다고 생각했지. 내 시험 점수가 친구들보다 높으면 내가 더 많이 아는 것으로 생각했거든. 고등학생이 되어서도 중학생 때와 비슷한 생각을 했단다. 지식이란 교과서와 같이 권위 있는 책에 담긴 정보를 머리에 새기는 것으로 생각했어. 결국 누가 더 좋은 대학에 들어가느냐를 누가 더 지혜로운지를 판가름하는 기준으로 삼았지.

대학에 들어가서는 개론서 중심으로 공부를 했어. 법학 개론을 읽고 나면 법률에 대해 다 안다고 생각했고, 철학 개론을 읽고 나서는 철학에 대해 통달한 것으로 생각했지. 그리고 개론서 수준의 지식을 가지고 우쭐거리고 다녔단다. 술집에서 친구들과 언쟁을 벌이고, 거리로 뛰쳐나와 현실을 비판하고 구세대를 매도하기도 했어.

대학원에서 연구를 하게 되었을 무렵에야 비로소 그런 지식이 앎의 전부가 아님을 알게 되었단다. 개론서는 지금까지의 연구 결과의 축적이고 연구 결과는 끊임없이 수정된다는 것을 그제야 알게 된 거지. 연구란 큰 산맥에서 작은 금덩어리 하나를 찾아내는 것에 비유돼. 처음 연구를 시작할 때는 어떤 곡괭이를 골라야 할지도 알지 못했어. 곡괭이 모양이 적절한지도 알 도리가 없었지. 이 넓은 산맥의 어디부터 파들어 가야 할지 엄두도 내지 못한 채, 혹시 금이 숨어 있는 반대편에 있는 것은 아닌지 불안하기도 했단다.

이 어렵고 막막한 길에 동행자가 된 존재가 스승과 동료였어. 사제동행師弟同行이라는 말이 무슨 뜻인지 알게 되었지. 학문의 길에 들어서면 나이, 성별, 지위 등이 모두 의미가 없어진단다. 모두 같은 길을 가면서 서로 묻고 의지하며 길을 찾아가는 동행자인 거지. 모든 것을 다 아는 사람이란 존재할 수 없거든.

공자나 플라톤이 일찍이 말했던 "안다는 것을 안다고 하고, 모르는 것을 모른다고 하는 것이 아는 것이다"라는 말을 새삼 되새긴다. 인간의 한계를 인식한 성현들의 말씀이구나 싶어. 조선시대 세조도 신하들에게 학문은 혼자 할 수 없는 것이라고 말했어. "학문은 혼자 책만 본다고 되는 것이 아니오. 좋은 스승에게서 체계적으로 배우고, 좋은 동료들과 토론을 해야 편협한 생각을 갖지 않게 되는 것이오."

미국 인텔 연구소에서 훌륭한 학자로 인정받던 분의 말이 새삼 떠오르는구나. 그는 인텔에서 연구할 때 문제가 해결되지 않아서 어떻게 해야 할지 모를 때면 모두 같이 모여서 토론을 했다고 해. 문제의 원인을 함께 기초부터 다시 따져들어 간다는 거지. 함께 머리를 맞댈 때, 기초를 모르고는 문제를 해결하는 데 보탬이 될 수 없을 거야. 요즘은 대기업의 CEO들이 인문학에 관심을 갖는다고 해. 기초에 대해 다시 생각하는 거지. 공부는 기초가 튼튼해야 해. 점수 따기 경쟁으로는 훌륭한 업적을 낼 수 없다는 것이 현장에 있는 사람들의 결론이야. 그리고 그 공부의 기초란 바로 고전을 읽는 것이란다.

책을 읽고 고민하며 스스로를 뒤돌아보지 않는 순간 사람은 정체된단다. 마치 물이 흐르지 못하고 고이는 것처럼 말이야. 난 네가 좋은 학교를 나와 좋은 직장에 들어갔다고 하더라도 끊임없이 좋은 책을 읽고 주변 사람들의 의견에 귀를 기울이며, 항상 누구에게나 배울 점이 있다는 것을 잊지 않는 사람이 되기를 바란단다. 공자님 말씀처럼 "능하면서도 능하지 못한 이에게 묻고, 학식이 많으면서도 학식이 적은 이에게 물으며, 있어도 없는 것처럼 하고, 꽉 차도 빈 것처럼 하는" 아들이었으면 해.

아빠는 가끔 깊은 밤 산 속에서 하늘의 별을 쳐다보며 너와 나의 운명을 생각한단다. 별을 보고 점을 친다는 페르시아 왕자가 이

랬을까. 가만히 누워서 하늘과 산과 바다와 숲을 바라보면 무언가 알 것도 같아. 인간과 자연과 우주가 하나라는 생각이 들어. 그 신비를 다 알 수는 없지만 느낄 수는 있을 것 같아.

　사람에게는 얕은 지식이 아니라 겸손하고 솔직한 태도가 필요해. 모르는 것은 묻고 같이 토론하며 기초로 돌아가서 읽고 오래 생각하는 태도가 중요하고 말이야. 사람을 진심으로 대하고 성심으로 공부하는 겸손한 사람에게만 우주의 신비가 열릴 거야. 네가 사람을 진심으로 대하고 성실하게 공부하면서 우주의 신비를 느낄 수 있는 사람이 되기를 바라는 마음이 간절하구나.